어렵고 따분한 과학책은 지구에서 사라져라!

이상하게 재밌는 인체 과학

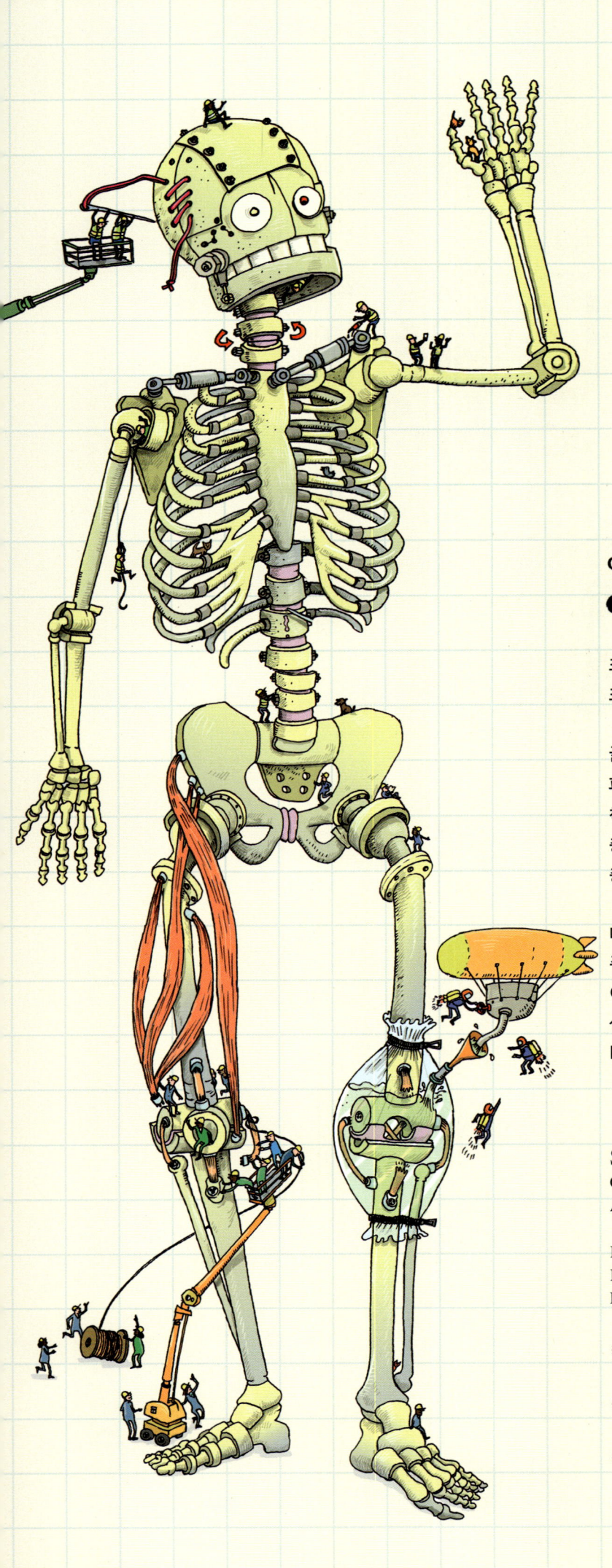

어렵고 따분한 과학책은 지구에서 사라져라!
이상하게 재밌는 인체 과학

초판 1쇄 발행 2020년 10월 30일
초판 3쇄 발행 2022년 8월 31일

글 존 판던 | **그림** 팀 허친슨 | **옮김** 김맑아
펴낸이 변태식 | **펴낸곳** ㈜라이카미
책임편집 김현진 | **책임디자인** 김미지
총괄 박승열 | **마케팅사업부** 김대성 | **경영관리부** 강나율
총제작 ㈜지에스테크 | **지류** 성진페이퍼

대표전화 02-564-6006 | **팩스** 02-564-8626
주소 서울시 강남구 테헤란로77길 11-12 9층 (삼성동, 아라타워)
이메일 editor@laikami.com
신고번호 제2005-000355호 | **신고일자** 2005년 12월 8일
ISBN 979-11-90808-11-8 (73400)

Stuff You Should Know About the Human Body
Copyright © 2017 Quarto Publishing plc
All rights reserved.

Korean translation rights © 2020 by LAIKAMI
Korean translation rights arranged with The Quarto Group through
EntersKorea Co., Ltd., Seoul, Korea.

※ 이 책의 한국어판 저작권은 ㈜엔터스코리아를 통해 저작권사와의 독점 계약으로 ㈜라이카미에 있습니다.
※ 저작권법에 의해 한국 내에서 보호를 받는 저작물이므로 무단전재와 무단복제를 금합니다.
※ 파본은 구입하신 서점에서 교환해 드립니다.

어렵고 따분한 과학책은 지구에서 사라져라!

이상하게 재밌는 인체 과학

글-존 판던 그림-팀 허친슨

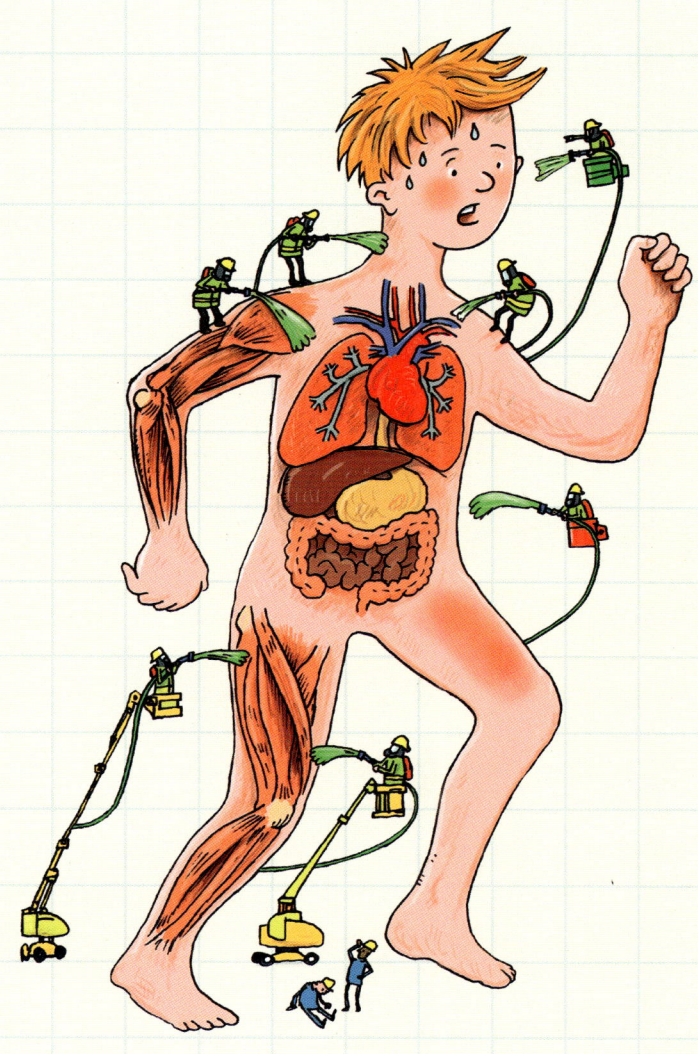

라이카미

차 례

몸속 여행을 시작하기 전에!	06
우리 몸을 이루는 것들	08
아주 작은 세포 속 더 작은 기관들	10
우리 몸의 여러 가지 계통	12
엄청나게 과학적인 숨쉬기	14
혈액 속 여러 가지 물질	16
멈추지 않는 초강력 슈퍼 펌프	18
혈액이 이동하는 길 ★	20
우리 몸을 움직이는 근육	24
근육이 뼈를 움직이는 방법	26
운동할 때 생기는 몸의 변화	28
말소리를 만드는 발음기관	30
몸의 맨 바깥에 있는 피부	32
뼈 안에서 일어나는 일	34
뼈를 연결하고 움직이는 것들 ★	36
세포의 생장과 소멸	40
신비한 화학물질, 호르몬	42
엄청나게 바쁜 인체의 화학 공장	44

36.5℃가 유지되는 이유 ·············· 46

우리 몸의 물 관리자, 콩팥 ·············· 48

음식물 속 영양소 찾기 ·············· 50

음식물이 지나가는 길 ★ ·············· 52

번개처럼 지나가는 신경 신호 ·············· 56

눈으로 사물을 보는 과정 ·············· 58

귀로 소리를 듣는 과정 ·············· 60

냄새를 맡고 맛을 느끼는 과정 ·············· 62

생각하고 판단하는 뇌 ·············· 64

우리를 괴롭히는 침입자의 정체 ·············· 66

공격과 방어를 담당하는 면역계 ★ ·············· 68

유전자가 담긴 신비한 이중나선 ·············· 72

사춘기를 맞는 소년과 소녀의 몸 ·············· 74

아기가 세상에 나오는 과정 ·············· 76

용어 해설 ·············· 78

찾아보기 ·············· 80

일러두기

- ★ 표시가 있는 글은 양쪽으로 활짝 펼쳐서 보는 형식이에요.
- 이 책은 대한의사협회 의학용어실무위원회 『영한·한영 의학용어집』 제5판(개정), 대한해부학회 용어위원회 『해부학용어』 제6판을 기준으로 번역했습니다.
- 단 교과서에 수록된 용어와 차이가 있을 때는 교과서를 따릅니다.
- 외래어 표기는 국립국어원의 외래어표기법을 따릅니다.

몸속 여행을 시작하기 전에!

사람마다 크기도 생김새도 다른 우리 몸! 그 이유는 뭘까요? 대체 우리 몸속에서 무슨 일이 일어나는 걸까요? 지금부터 작은 안내자들을 따라서, 놀이공원처럼 신나고 재미있는 몸속을 구석구석 살펴봐요. 그 전에 앞으로 가게 될 곳을 살짝 소개할게요!

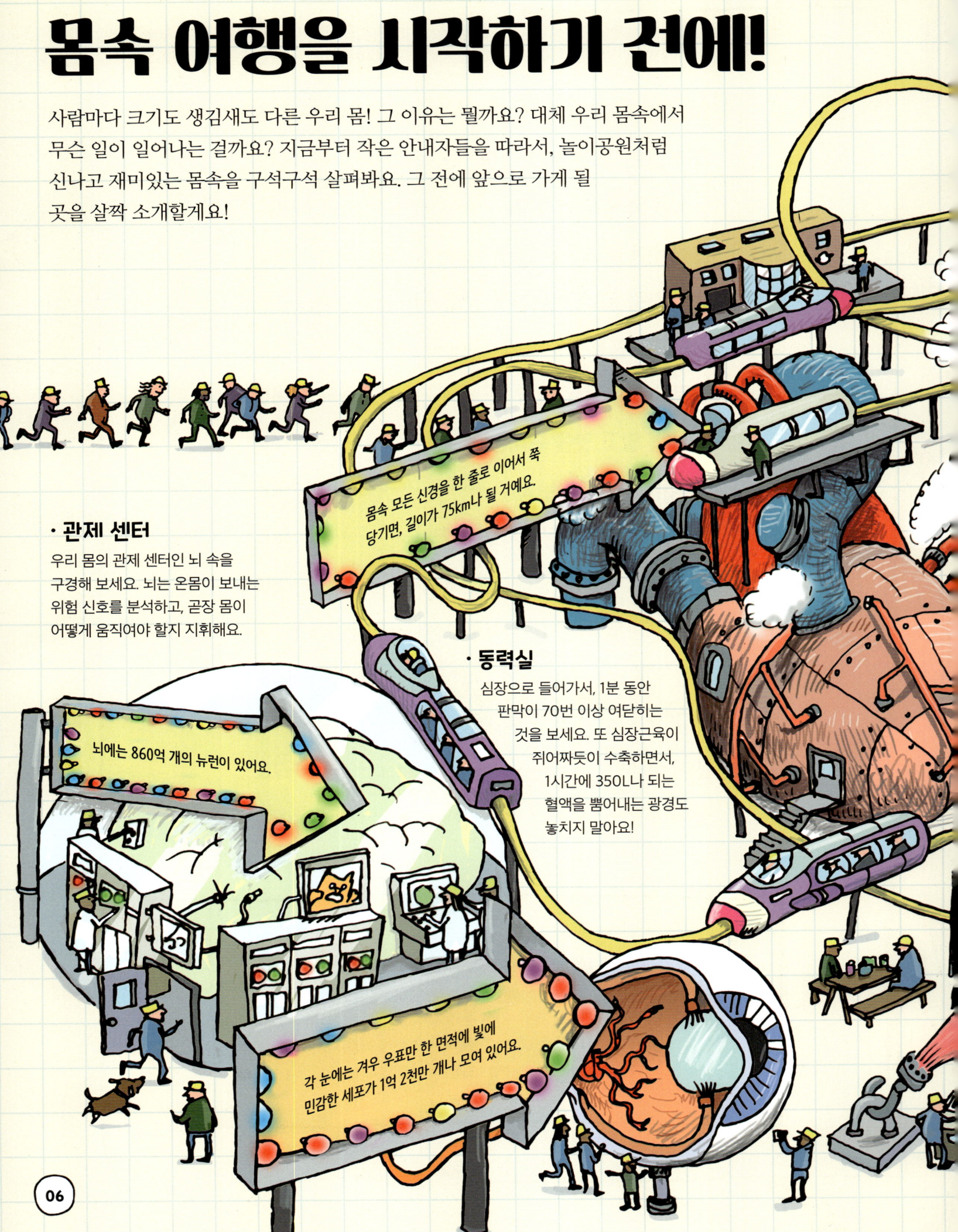

- **관제 센터**
우리 몸의 관제 센터인 뇌 속을 구경해 보세요. 뇌는 온몸이 보내는 위험 신호를 분석하고, 곧장 몸이 어떻게 움직여야 할지 지휘해요.

몸속 모든 신경을 한 줄로 이어서 쭉 당기면, 길이가 75km나 될 거예요.

뇌에는 860억 개의 뉴런이 있어요.

- **동력실**
심장으로 들어가서, 1분 동안 판막이 70번 이상 여닫히는 것을 보세요. 또 심장근육이 쥐어짜듯이 수축하면서, 1시간에 350L나 되는 혈액을 뿜어내는 광경도 놓치지 말아요!

각 눈에는 겨우 우표만 한 면적에 빛에 민감한 세포가 1억 2천만 개나 모여 있어요.

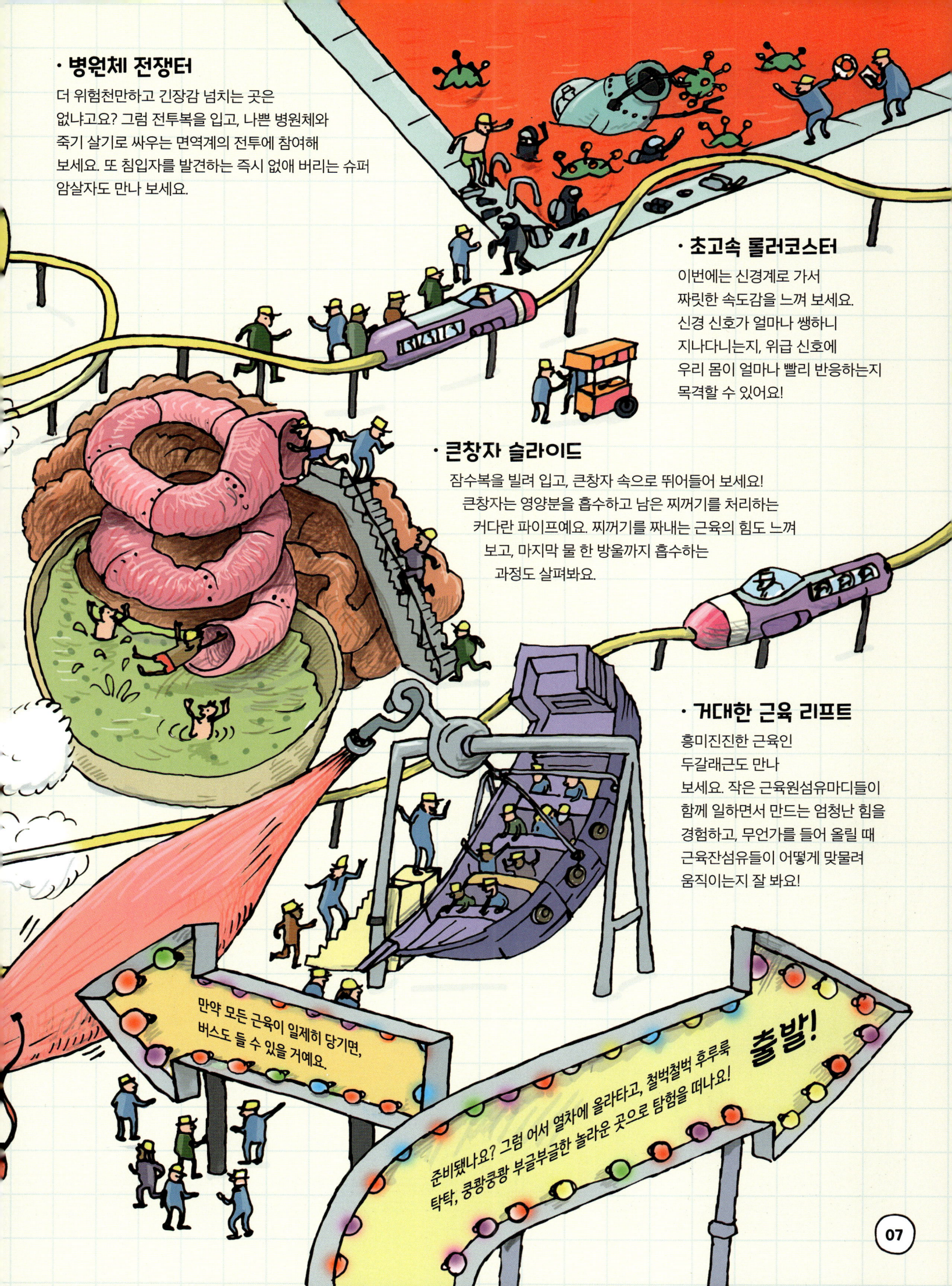

우리 몸을 이루는 것들

우리 몸은 우주에서 가장 복잡한 장치예요. 가장 기본적인 물질들이 모여서 분자를 이루고, 분자가 모여서 세포를, 세포가 모여서 조직을 이뤄요. 그리고 조직이 모여서 기관을 만들지요.

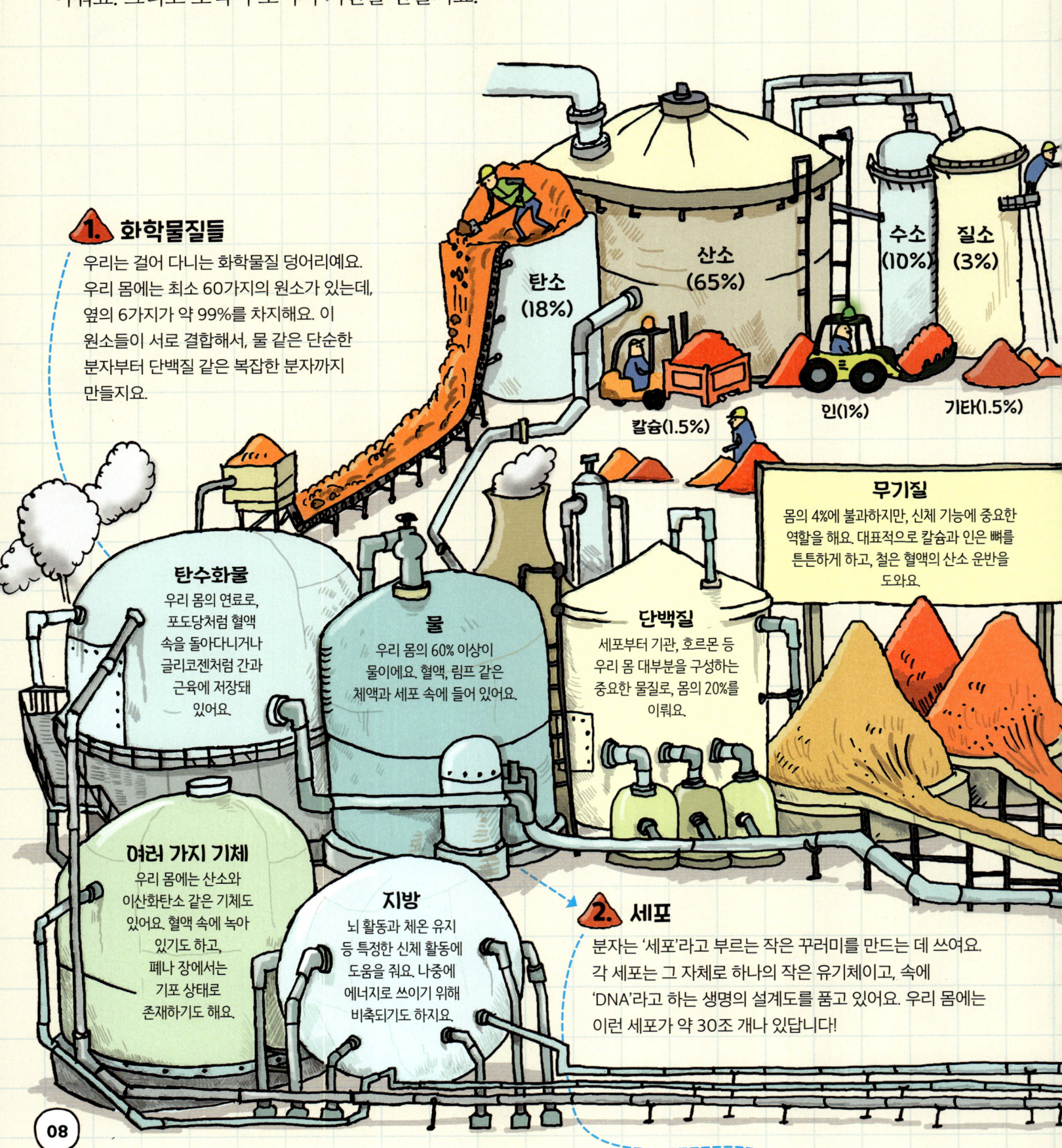

1. 화학물질들
우리는 걸어 다니는 화학물질 덩어리예요. 우리 몸에는 최소 60가지의 원소가 있는데, 옆의 6가지가 약 99%를 차지해요. 이 원소들이 서로 결합해서, 물 같은 단순한 분자부터 단백질 같은 복잡한 분자까지 만들지요.

탄소(18%) · 산소(65%) · 수소(10%) · 질소(3%) · 칼슘(1.5%) · 인(1%) · 기타(1.5%)

탄수화물
우리 몸의 연료로, 포도당처럼 혈액 속을 돌아다니거나 글리코젠처럼 간과 근육에 저장돼 있어요.

물
우리 몸의 60% 이상이 물이에요. 혈액, 림프 같은 체액과 세포 속에 들어 있어요.

단백질
세포부터 기관, 호르몬 등 우리 몸 대부분을 구성하는 중요한 물질로, 몸의 20%를 이뤄요.

무기질
몸의 4%에 불과하지만, 신체 기능에 중요한 역할을 해요. 대표적으로 칼슘과 인은 뼈를 튼튼하게 하고, 철은 혈액의 산소 운반을 도와요.

여러 가지 기체
우리 몸에는 산소와 이산화탄소 같은 기체도 있어요. 혈액 속에 녹아 있기도 하고, 폐나 장에서는 기포 상태로 존재하기도 해요.

지방
뇌 활동과 체온 유지 등 특정한 신체 활동에 도움을 줘요. 나중에 에너지로 쓰이기 위해 비축되기도 하지요.

2. 세포
분자는 '세포'라고 부르는 작은 꾸러미를 만드는 데 쓰여요. 각 세포는 그 자체로 하나의 작은 유기체이고, 속에 'DNA'라고 하는 생명의 설계도를 품고 있어요. 우리 몸에는 이런 세포가 약 30조 개나 있답니다!

아주 작은 세포 속 더 작은 기관들

우리 몸은 엄청난 수의 세포들로 이루어져 있어요. 이 세포들은 현미경으로도 겨우 볼 수 있을 만큼 작지만, 하나하나가 초정밀 화학 공장이나 다름없어요. 24시간 활기차게 돌아가지요.

세포 공장의 구조

건물에 뼈대가 있듯이 세포에도 뼈대가 있어요. 다양한 단백질 섬유로 이뤄진 '세포골격'이 세포의 모양을 잡고, 그 바깥을 얇은 막이 감싸고 있지요. 세포 안쪽은 젤리처럼 말캉한 물질인 '세포질'로 채워져 있는데, 그 속에 '세포소기관'이라고 하는 아주 작은 기관들이 둥둥 떠 있어요. 모두 각자의 임무로 매우 바쁘답니다.

핵

인(핵소체)

1. 통합 지휘소
핵은 세포 속 모든 작업을 지휘하는 통합 지휘소예요. 이 안에 유전의 비밀이 담긴 DNA가 들어 있지요! DNA를 이루는 2개의 얇은 가닥에는 우리 몸에 필요한 다양한 단백질을 만들 수 있는 설계도가 있어요.

2. 단백질 설계도 전달
단백질은 반드시 이 설계도대로 만들어야 해요. 그래서 '전령 RNA(mRNA)'라는 일꾼이 설계도를 복사해 단백질을 만드는 곳에 전달해요.

mRNA

RER

3. 재료 수집 및 운반
동시에 '운반 RNA(tRNA)'도 일을 시작해요. mRNA가 가져온 설계도대로 단백질을 만들 때 필요한 아미노산을 주워 모아서, 단백질 조립대에 가져다주는 일이지요.

아미노산

tRNA

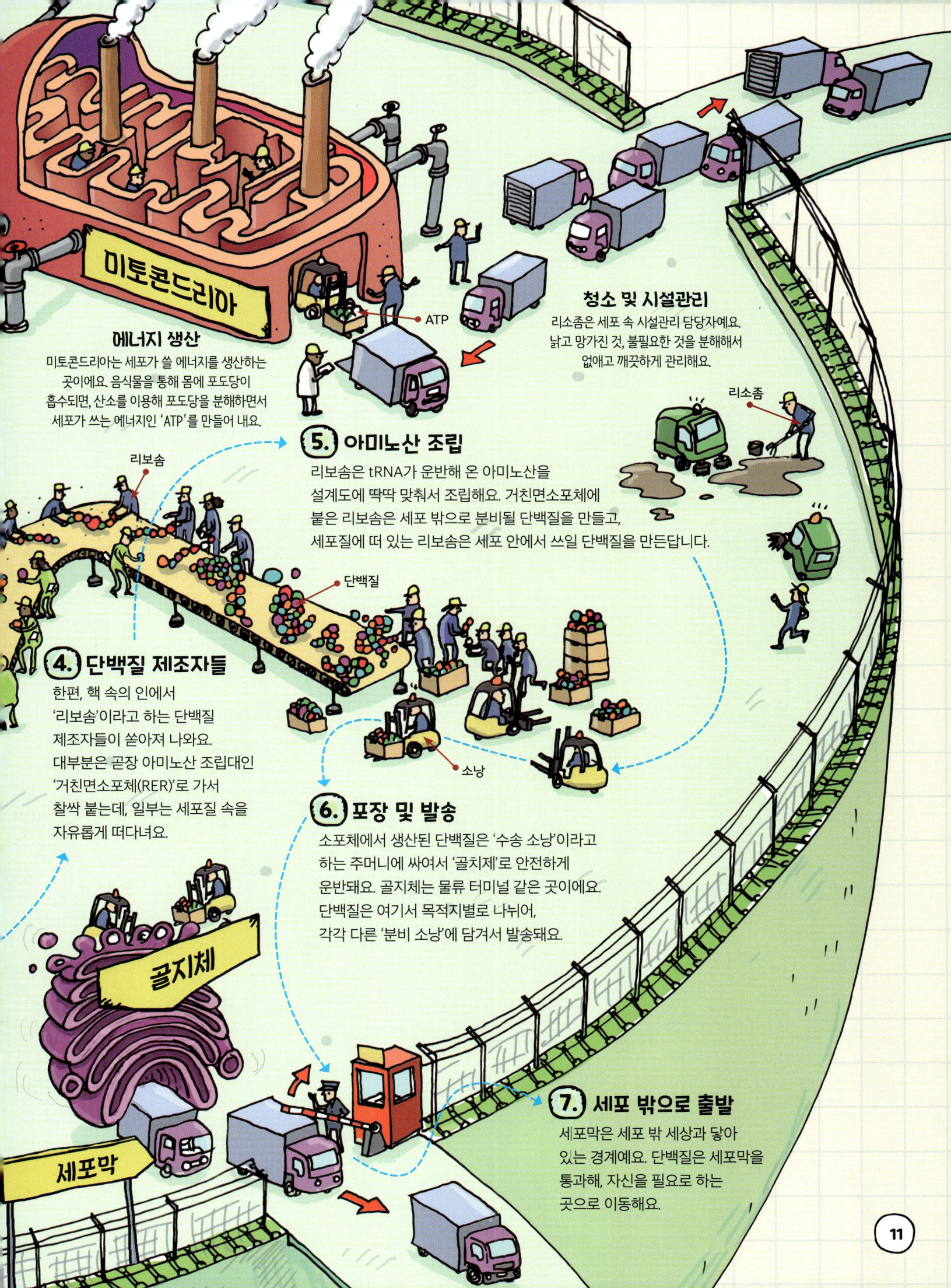

우리 몸의 여러 가지 계통

우리 몸은 어마어마한 수의 세포와 여러 가지 기관으로 구성돼 있어요. 그런데 이들은 서로 관련된 것들끼리 하나의 '계통'을 이뤄서 함께 일한답니다. 그중 골격계나 근육계 같은 것은 몸 전체에 걸쳐 있고, 배설계 같은 것은 몸의 한 부분에 모여 있어요.

• **골격계**
단단한 뼈들이 모여서 커다란 뼈대를 이뤄요. 몸이 흐느적거리지 않게 형태를 잡고, 몸속 기관들을 보호해요.

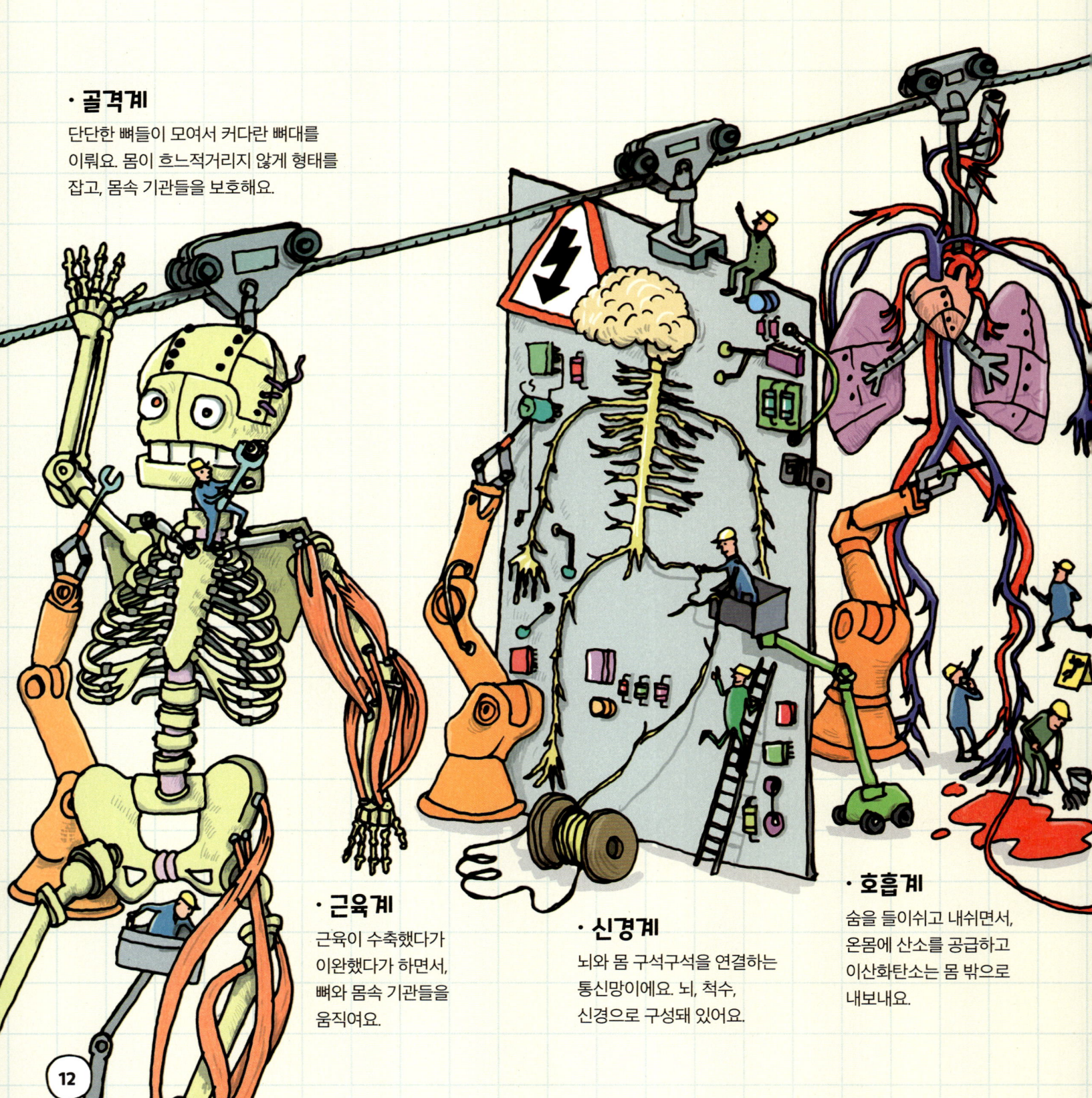

• **근육계**
근육이 수축했다가 이완했다가 하면서, 뼈와 몸속 기관들을 움직여요.

• **신경계**
뇌와 몸 구석구석을 연결하는 통신망이에요. 뇌, 척수, 신경으로 구성돼 있어요.

• **호흡계**
숨을 들이쉬고 내쉬면서, 온몸에 산소를 공급하고 이산화탄소는 몸 밖으로 내보내요.

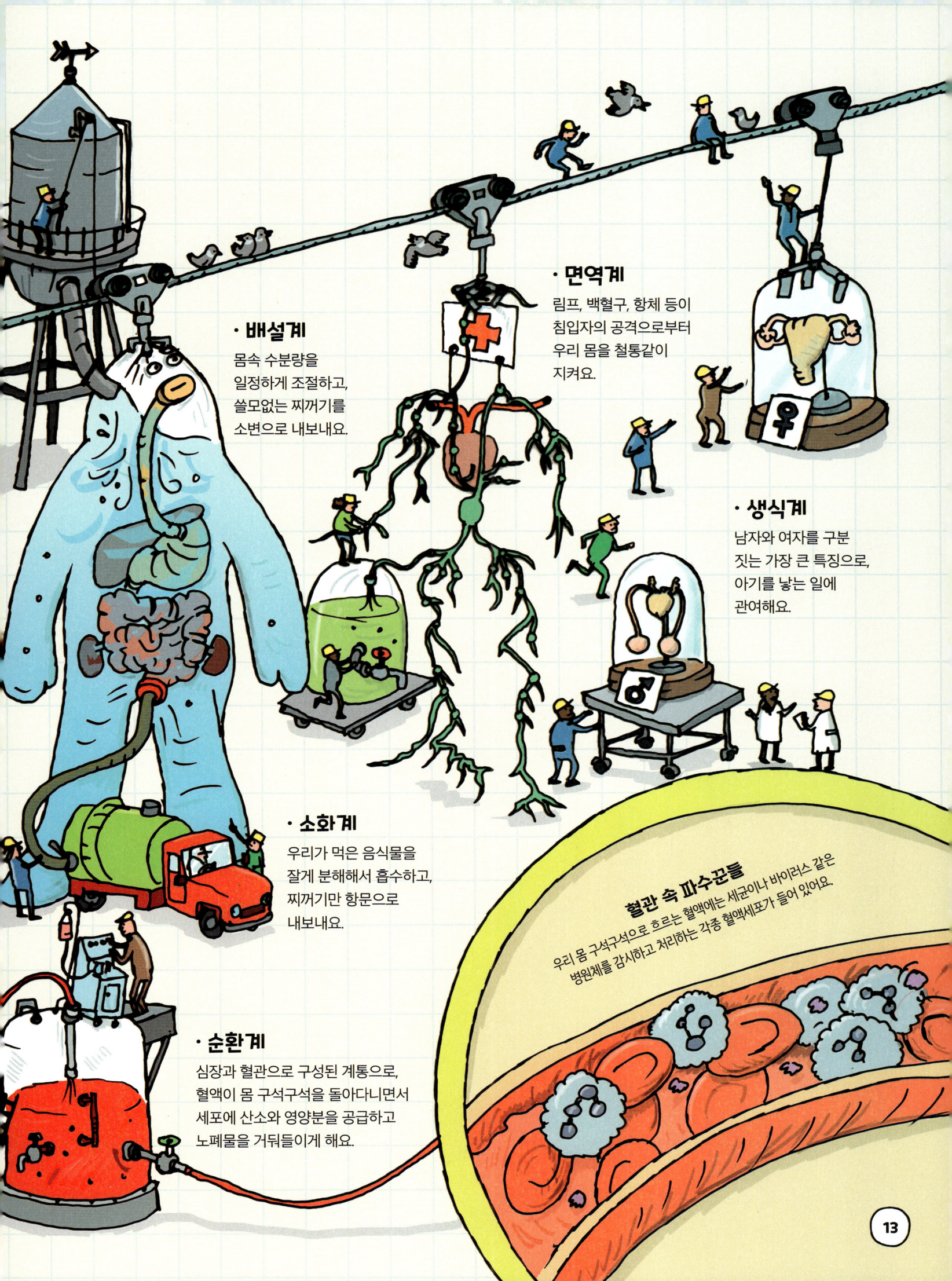

엄청나게 과학적인 숨쉬기

우리 몸속 세포가 에너지를 만들려면 산소가 꼭 필요해요. 산소가 없으면, 세포도 죽고 우리 몸의 모든 기능이 정지돼요. 그리고 결국 목숨을 잃게 되지요! 바로 이것이 우리가 '호흡'을 해야 하는 이유예요. 하지만 걱정할 필요는 없어요. 우리 폐는 몇 초에 한 번씩 많은 양의 산소를 받아들일 수 있도록 설계돼 있거든요.

1. 가슴안 넓히기
숨쉬기는 가로막에서부터 시작해요. 가로막은 폐 밑에 있는 근육성 막이에요. 평소에는 위로 볼록하게 휘어 있는데, 우리가 숨을 들이마시면 수축하면서 팽팽해져요. 동시에 갈비뼈 사이에 붙은 근육이 갈비뼈 사이를 벌려서, 가슴안 공간이 넓어져요.

2. 숨 들이쉬기
폐가 부풀 공간이 확보되면, 공기가 코나 입을 통해 몸속으로 들어와요. 공기는 기관을 거쳐 내려오고, 'ㅅ'자 모양으로 갈라진 기관지를 통해 양쪽 폐로 들어가요. 그러면 폐가 공기를 불어 넣은 풍선처럼 부풀어요!

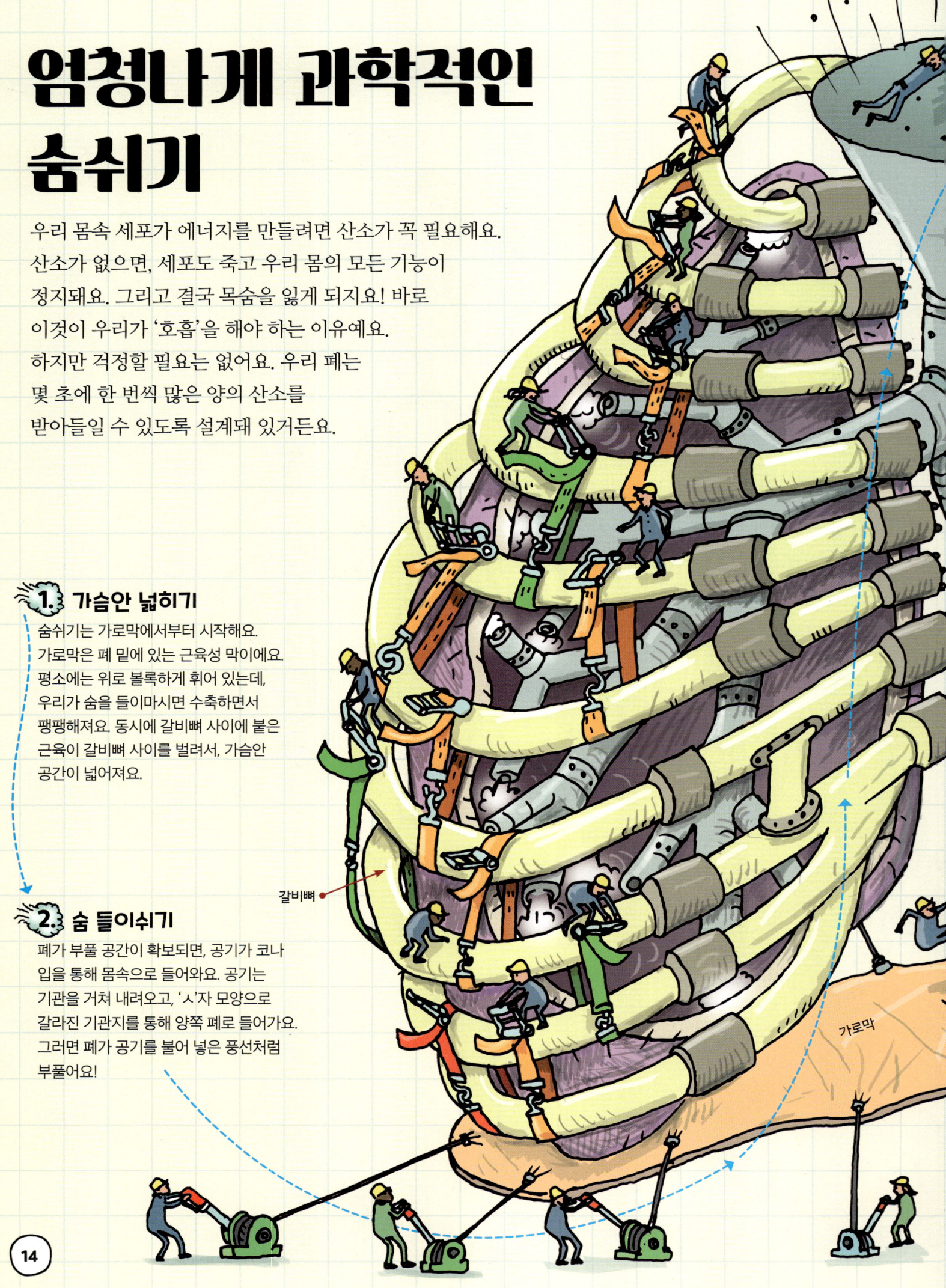

갈비뼈

가로막

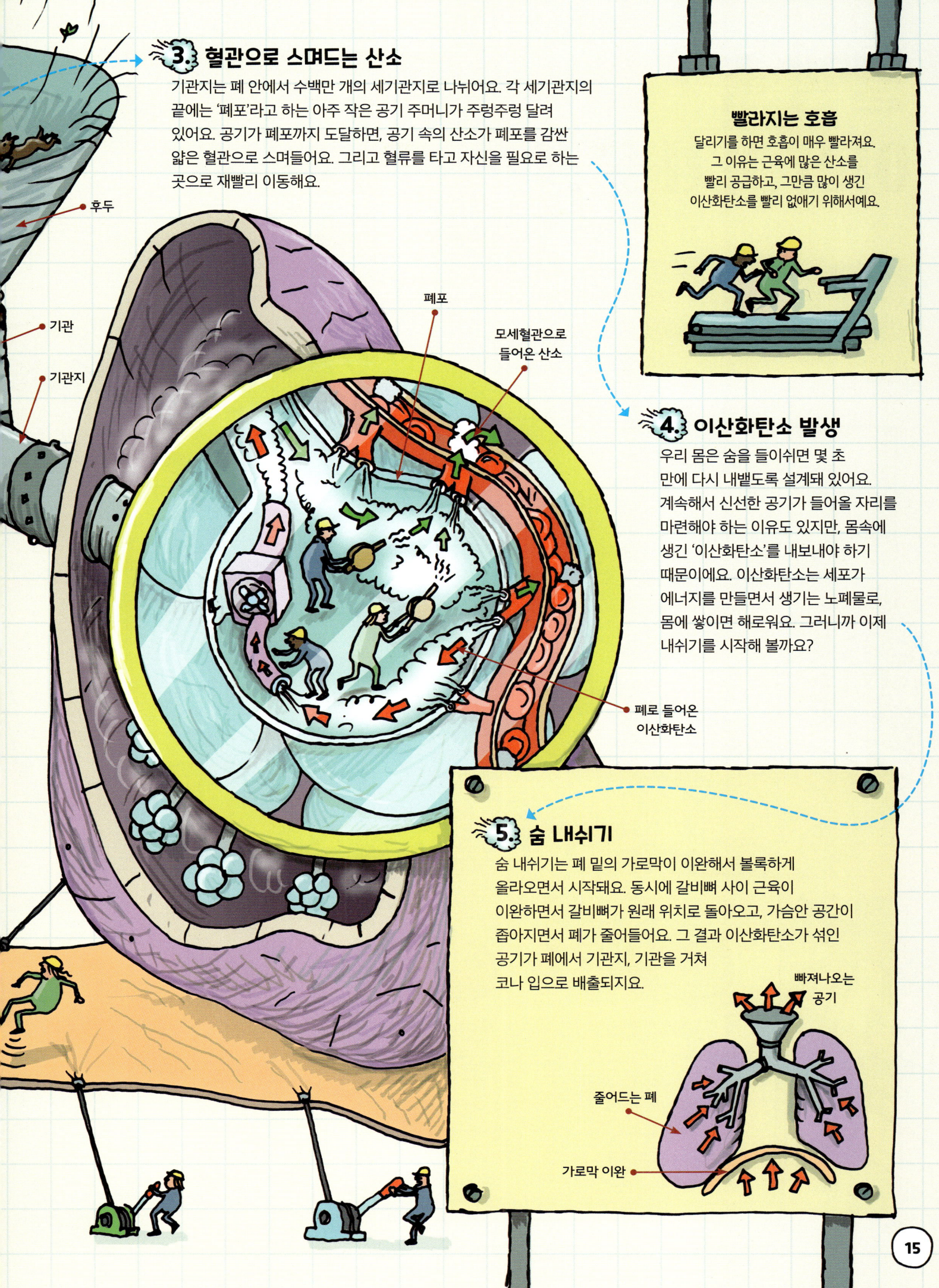

혈액 속 여러 가지 물질

혈액, 그러니까 피는 우리 몸에서 정말 많은 일을 해요. 몸속 수많은 세포에 산소와 영양분을 전달하고, 간과 콩팥의 노폐물을 쓸어 가요. 또 적이 나타나면 재빨리 공격 부대를 실어 나르고, 체온을 높이거나 낮추는 일도 하지요. 그러니 그 안에 혈액세포(혈구)를 포함해 갖가지 물질이 들어 있는 건 놀랄 일도 아니겠지요?

혈장

누르스름한 액체로, 혈액을 구성하는 모든 물질이 이 안에 들어 있어요. 대부분이 물로, 혈액의 반 이상을 차지해요.

적혈구

사람의 혈액은 붉은색이에요. 혈액 속에 붉은색 혈액세포인 '적혈구'가 무려 25조 개나 들어 있거든요. 적혈구는 1초에 200만 개씩 생기고, 폐에서 온몸 구석구석으로 쉴 새 없이 산소를 운반해요.

A, B, AB, O?

피를 너무 많이 흘렸을 땐 재빨리 다른 사람의 피를 나눠 받아야 해요. 이것을 '수혈'이라고 하지요. 그런데 이때, 자신의 혈액형을 아는 게 중요해요. 혈액형에 따라 주거나 받을 수 있는 피가 달라지거든요. 여러분의 혈액형은 무엇인가요?

1. 산소와 결합

적혈구에는 '헤모글로빈'이라고 하는 특별한 물질이 있어요. 혈액이 폐를 통과할 때, 헤모글로빈은 산소를 잔뜩 붙잡아요.

2. 운반

헤모글로빈은 산소와 만나면 붉게 변해요. 그래서 산소가 풍부한 혈액은 선홍색을 띠지요. 납작한 원반 모양의 적혈구는 산소를 싣고 빠르게 이동해요.

3. 산소와 분리

적혈구가 목적지에 도착하면, 헤모글로빈은 산소를 놓아 주고 검붉게 변해요. 적혈구는 혈액에 실려서 산소가 풍부한 폐로 돌아가요.

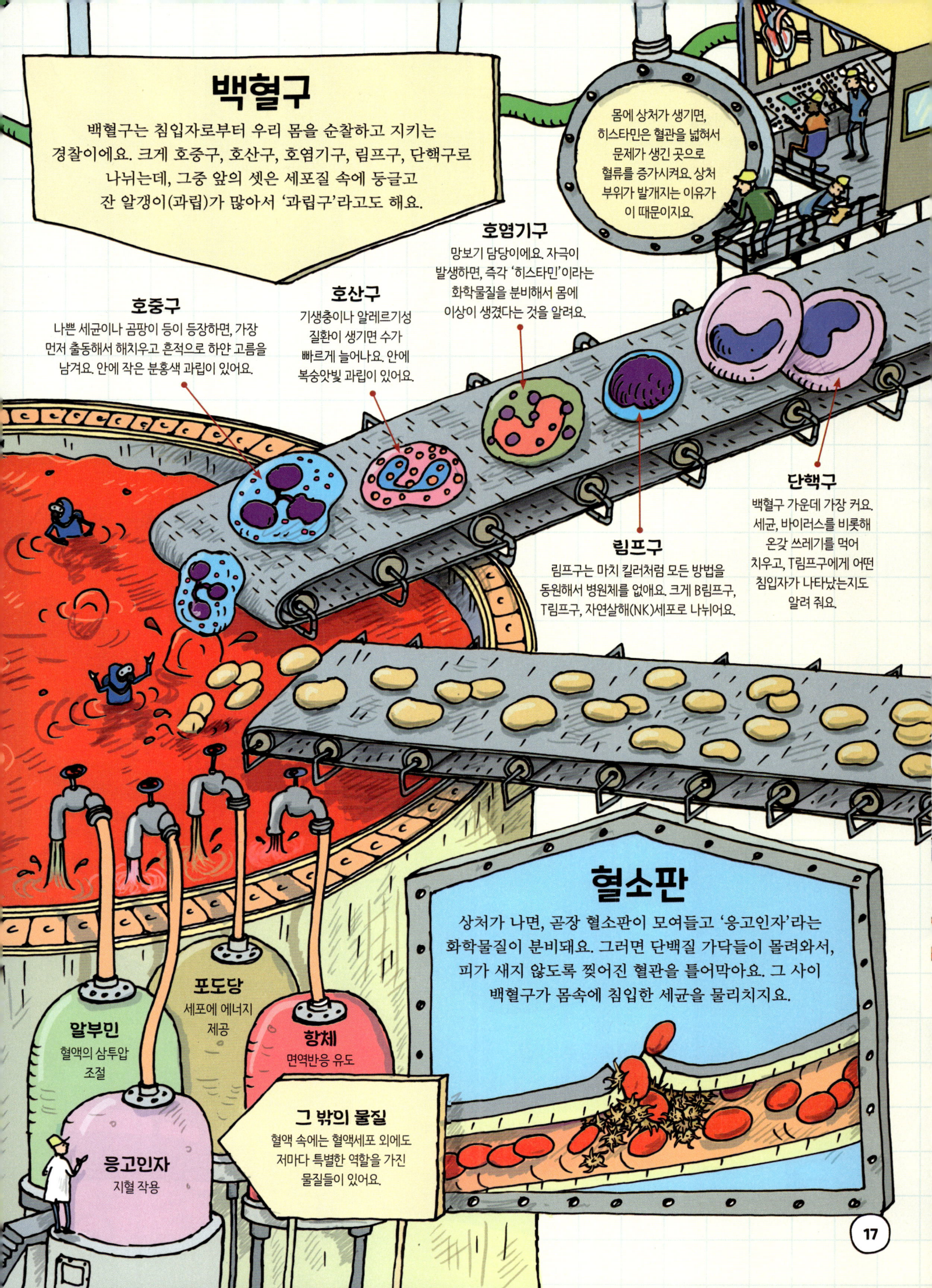

멈추지 않는 초강력 슈퍼 펌프

심장은 크기는 작지만 아주 강력한 슈퍼 펌프예요. 우리 생명이 다하는 순간까지, 잠시도 멈추지 않고 몸 구석구석으로 혈액을 쭉쭉 밀어내지요. 심장이 이렇게 지치지 않고 뛸 수 있는 이유는 자동으로 수축과 이완을 반복하는 특별한 근육으로 만들어졌기 때문이에요.

1. 자, 준비…
심장은 2개의 심방과 2개의 심실이 순서대로 수축하고 이완하기를 반복하면서 쿵쿵 뛰어요. 이 일정한 주기를 '심장주기'라고 하지요. 먼저 심장근육이 이완하고, 각 심방으로 혈액이 흘러들면서 주기가 시작돼요.

2개의 펌프

심장은 2개의 펌프가 '사이막'이라고 하는 두꺼운 벽을 가운데 두고 붙어 있는 구조예요. 둘 중 왼쪽 심장의 힘이 더 센데, 그 이유는 폐에서 산소를 잔뜩 실어 온 혈액을 온몸으로 세차게 밀어내야 하기 때문이에요. 오른쪽 심장은 임무를 마치고 돌아온 혈액을 가까이 있는 폐로 보내지요.

2. 쥐어짜기!
마치 누가 심장 윗부분을 손으로 쥐어짜는 것처럼 심방이 수축해요. 그러면 심방 속 혈액의 압력이 높아지면서 심방과 심실 사이에 있는 '판막'이 열려요. 그리고 심방의 혈액이 심실로 왈칵 밀려들어요.

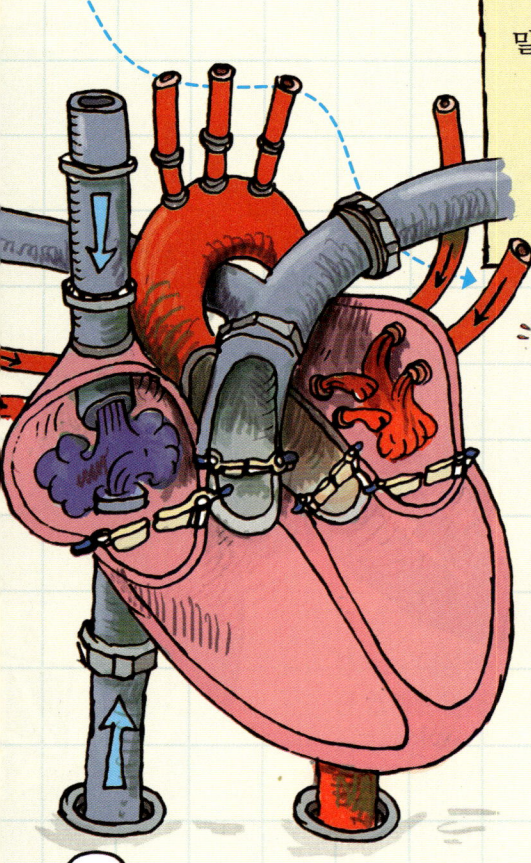

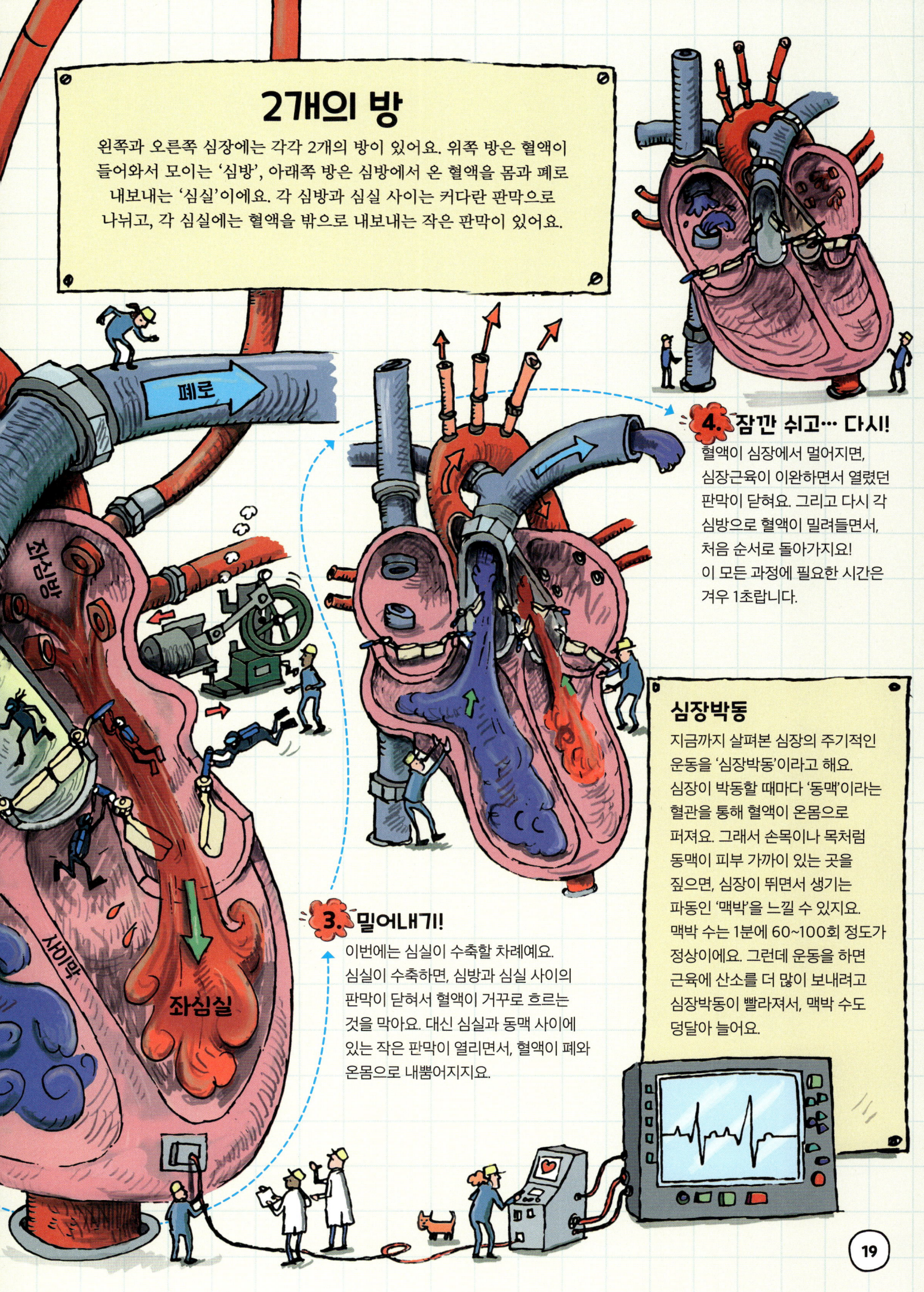

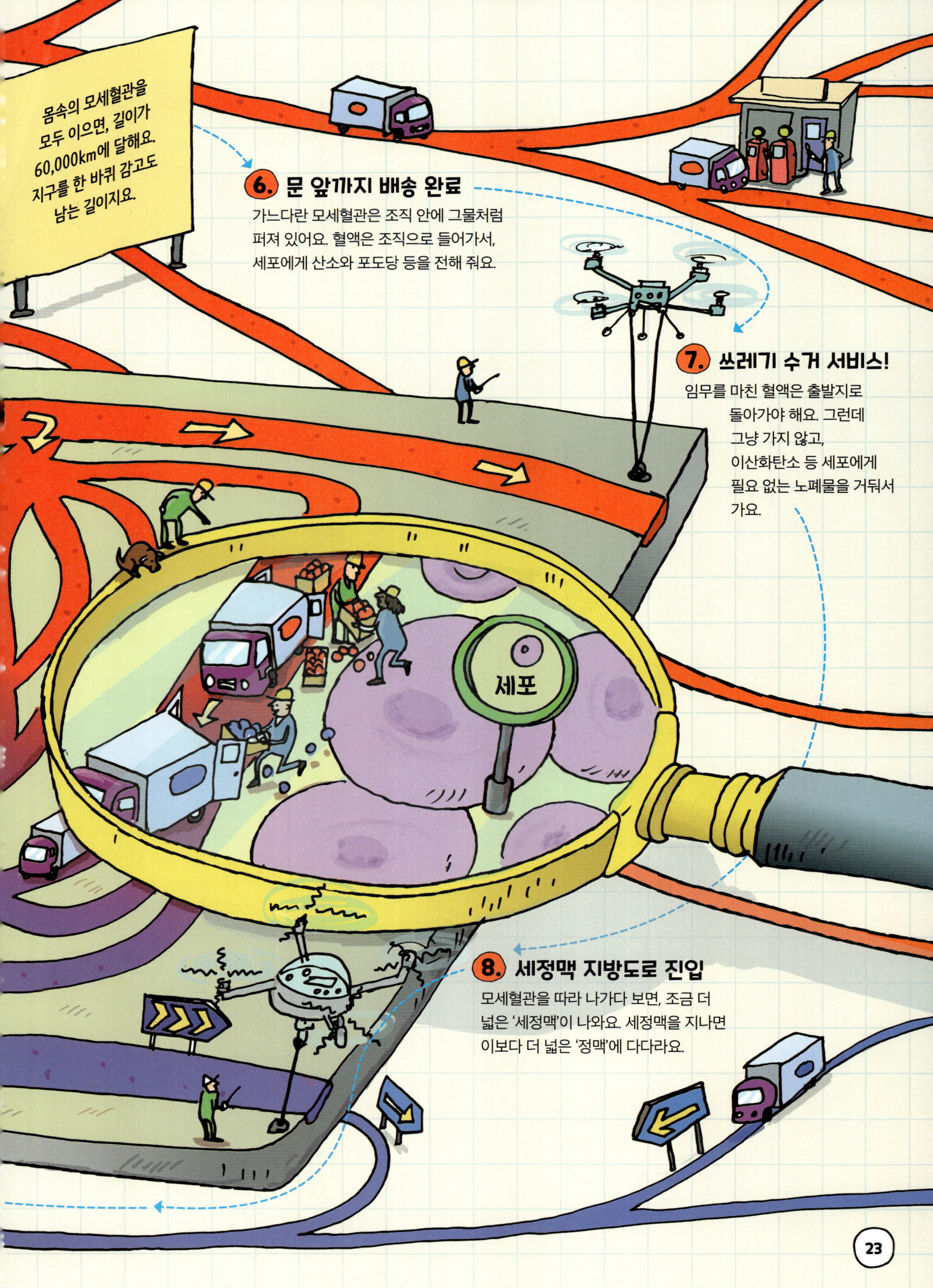

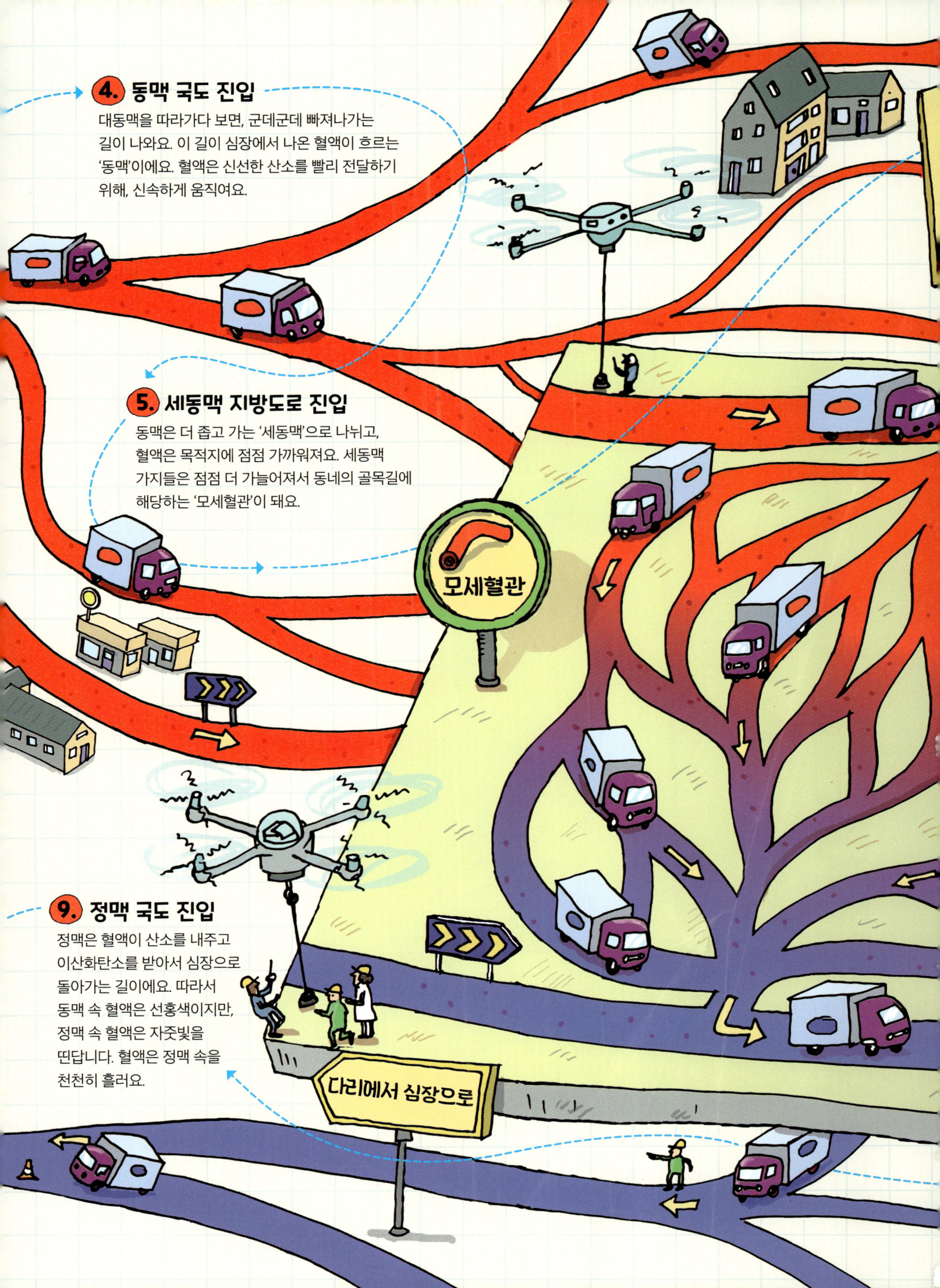

우리 몸을 움직이는 근육

근육은 움직일 때뿐만 아니라 앉아서 쉴 때, 잠을 잘 때도 꼭 필요해요. 만약 근육이 없다면, 우리는 끈이 끊어진 꼭두각시 인형처럼 풀썩 죽 늘어져서 꼼짝할 수 없게 되지요. 우리 몸에는 어디에, 어떤 일을 하는 근육들이 있을까요?

맘대로근

우리 몸의 근육은 크게 세 종류로 나뉘어요. 뼈에 붙어 있는 '뼈대근육', 내장에 있는 '내장근육', 그리고 심장벽을 이루는 '심장근육'이에요. 그중 뼈대근육은 우리가 맘먹은 대로 움직일 수 있어서 '맘대로근'이라고 하는데, 몸속에 600개 이상 있어요.

제대로근

맘대로근과 다르게, 우리가 원하는 대로 움직이지 않는 근육도 있어요. 바로 '제대로근'으로, 혈관벽 근육을 포함한 대부분의 내장근육과 심장근육이 여기에 속하지요. 제대로근은 우리가 깊이 잠들었을 때조차 쉼없이 일해요. 근육섬유에 뼈대근 무늬가 없어서 '민무늬근'이라고도 한답니다.

• 숨쉬기 근육

가슴과 배 사이를 가로지르는 '가로막'은 호흡에 가장 중요한 근육이에요. 가로막이 밑으로 내려가면 공기가 폐로 들어오고, 위로 올라가면 공기가 몸 밖으로 나가지요. 몸통 안에 있는 근육으로는 흔치 않게 뼈대근육이라서, 대부분은 알아서 움직이지만 우리가 맘먹은 대로 조절할 수도 있어요.

• 지치지 않는 심장근육

심장근육은 빼도 크고 강하게 움직이게 하는 가로무늬근과 꾸준히 규칙적으로 움직이게 하는 민무늬근의 장점을 모두 가진 특별한 근육이에요. 그래서 심장은 우리가 살아 있는 내내, 멈추지 않고 쉼없이 일해요.

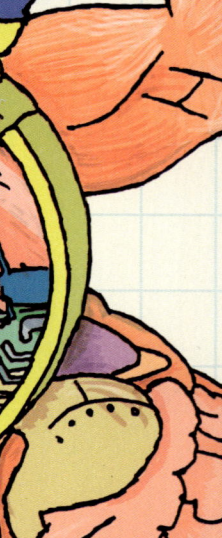

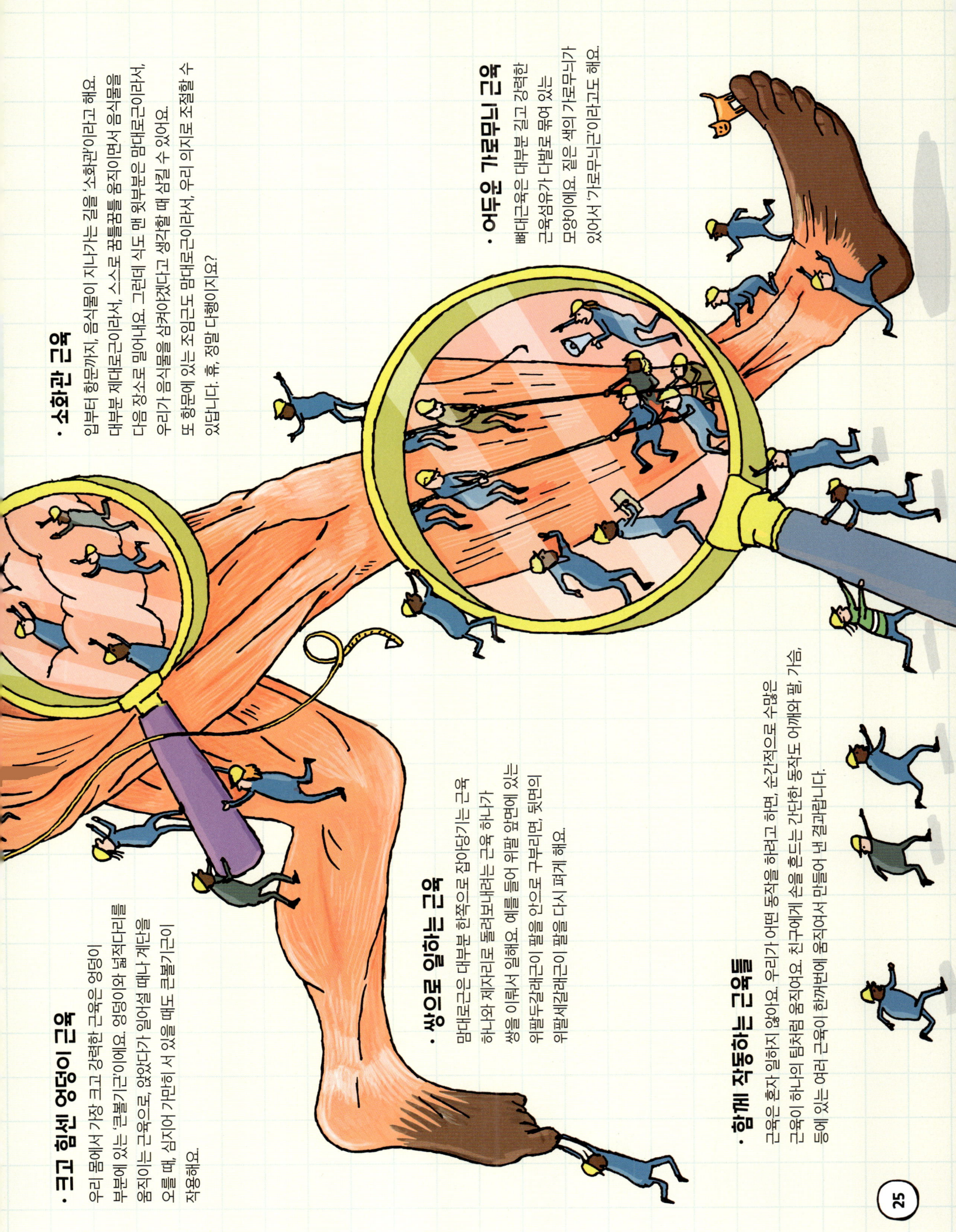

• 소화관 근육

입부터 항문까지, 음식물이 지나가는 길을 '소화관'이라고 해요. 대부분 제대로근이에요, 스스로 꿈틀꿈틀 움직이면서 음식물을 다음 장소로 옮겨내요. 그런데 맨 윗부분은 맘대로근이라서, 우리가 음식물을 삼켜야겠다고 생각할 때 삼킬 수 있어요. 또 항문에 있는 조임근도 맘대로근이라서, 우리 의지로 조절할 수 있답니다. 휴, 정말 다행이지요?

• 어두운 가로무늬 근육

뼈대근육은 대부분 길고 강력한 근육섬유가 다발로 묶여 있는 모양이에요. 질은 색의 가로무늬가 있어서 '가로무늬근'이라고도 해요.

• 크고 힘센 엉덩이 근육

우리 몸에서 가장 크고 강력한 근육은 엉덩이 부분에 있는 '큰볼기근'이에요. 엉덩이와 넓적다리를 움직이는 근육으로, 앉았다가 일어설 때나 계단을 오를 때, 심지어 가만히 서 있을 때도 큰볼기근이 작용해요.

• 쌍으로 일하는 근육

맘대로근은 대부분 한쪽으로 잡아당기는 근육 하나와 제자리로 돌려보내려는 근육 하나가 쌍을 이뤄서 일해요. 예를 들어 팔을 앞에 있는 위팔두갈래근이 팔을 안으로 구부리면, 뒷면의 위팔세갈래근이 팔을 다시 펴게 해요.

• 함께 작동하는 근육들

근육은 혼자 일하지 않아요. 우리가 어떤 동작을 하려고 하면, 순간적으로 수많은 근육이 하나의 팀처럼 움직여요. 친구에게 손을 흔드는 간단한 동작도 어깨와 팔, 가슴, 등에 있는 여러 근육이 한꺼번에 움직여서 만들어 낸 결과랍니다.

근육이 뼈를 움직이는 방법

근육은 기다란 밧줄처럼 생긴 근육섬유가 잔뜩 모여서 다발을 이루는 구조예요. 근육이 작동하는 원리는 아주 간단해요. 바로 '수축'하는 것! 근육섬유 안에 빽빽하게 든 근육원섬유 가닥이 수축하면, 근육의 길이가 짧아지면서 연결된 뼈를 잡아당겨서 몸이 움직이는 것이지요!

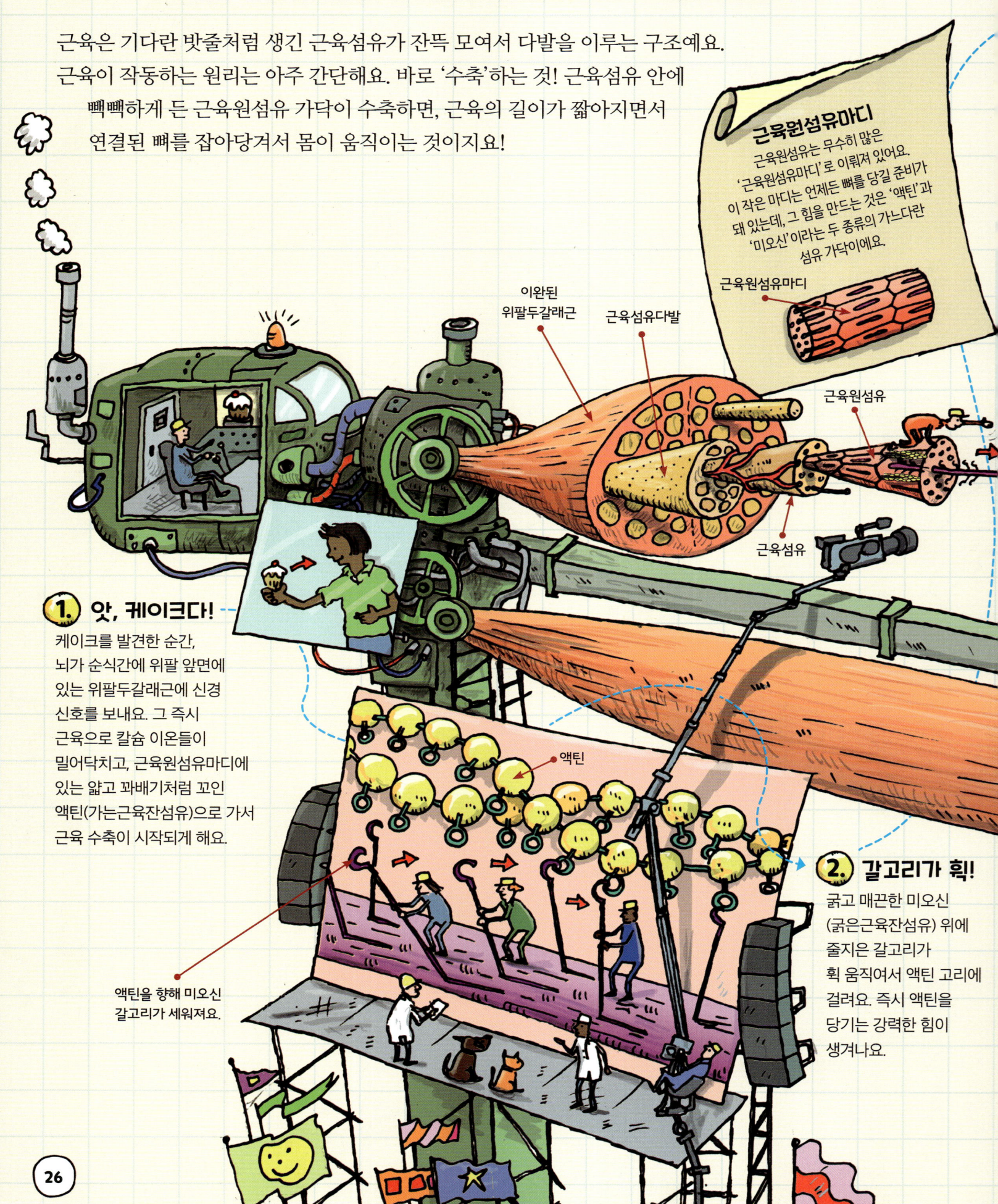

근육원섬유마디
근육원섬유는 무수히 많은 '근육원섬유마디'로 이뤄져 있어요. 이 작은 마디는 언제든 뼈를 당길 준비가 돼 있는데, 그 힘을 만드는 것은 '액틴'과 '미오신'이라는 두 종류의 가느다란 섬유 가닥이에요.

이완된 위팔두갈래근 / 근육섬유다발 / 근육원섬유마디 / 근육원섬유 / 근육섬유

1. 앗, 케이크다!
케이크를 발견한 순간, 뇌가 순식간에 위팔 앞면에 있는 위팔두갈래근에 신경 신호를 보내요. 그 즉시 근육으로 칼슘 이온들이 밀어닥치고, 근육원섬유마디에 있는 얇고 꽈배기처럼 꼬인 액틴(가는근육잔섬유)으로 가서 근육 수축이 시작되게 해요.

액틴을 향해 미오신 갈고리가 세워져요.

2. 갈고리가 휙!
굵고 매끈한 미오신(굵은근육잔섬유) 위에 줄지은 갈고리가 휙 움직여서 액틴 고리에 걸려요. 즉시 액틴을 당기는 강력한 힘이 생겨나요.

액틴

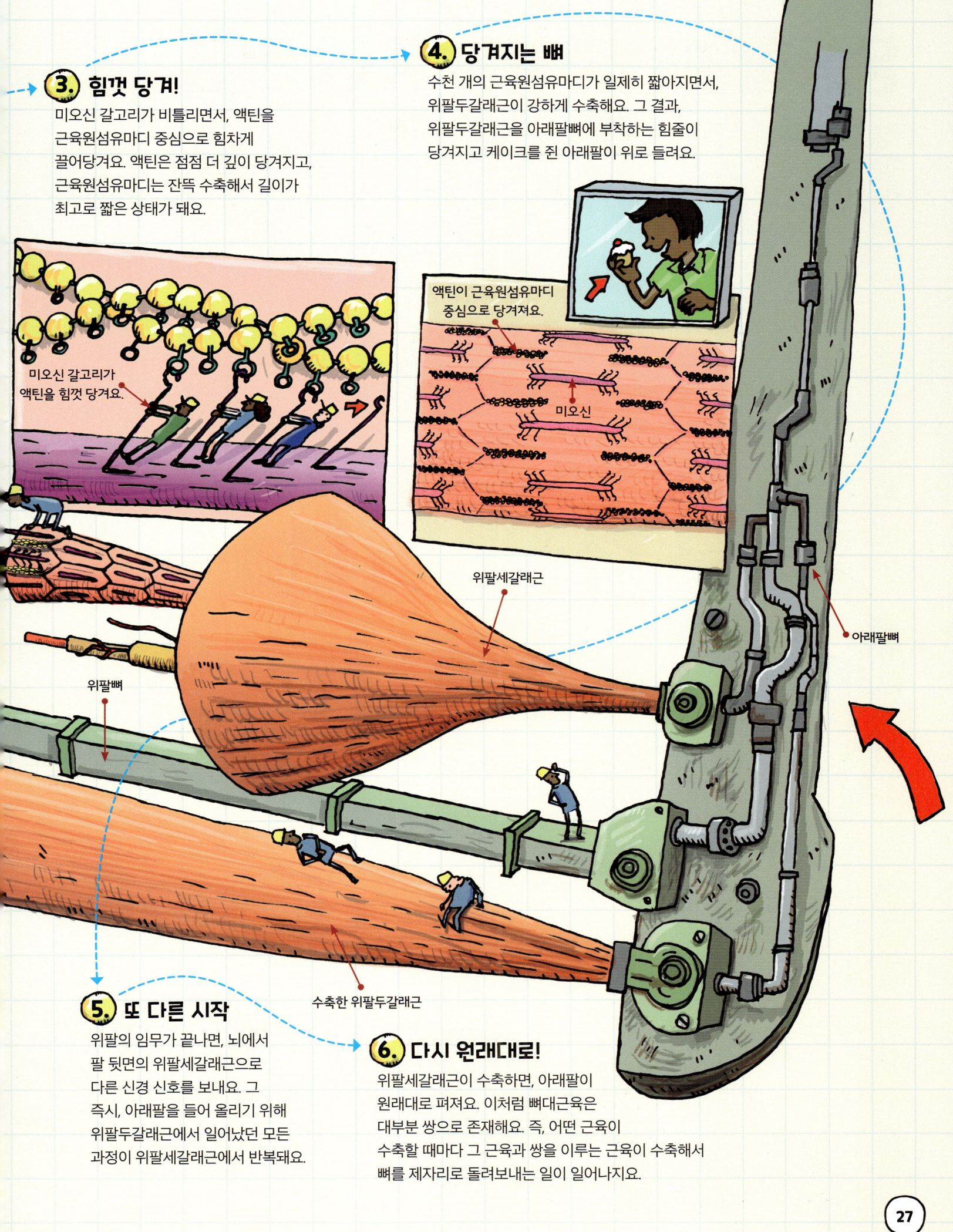

운동할 때 생기는 몸의 변화

많은 사람이 운동을 게을리해요. 하지만 운동선수들은 탄탄한 몸과 강한 근력을 얻기 위해, 달리기나 헬스 같은 운동을 하루도 빠지지 않고 열심히 하지요. 운동을 하면, 우리 몸에 어떤 변화가 일어날까요?

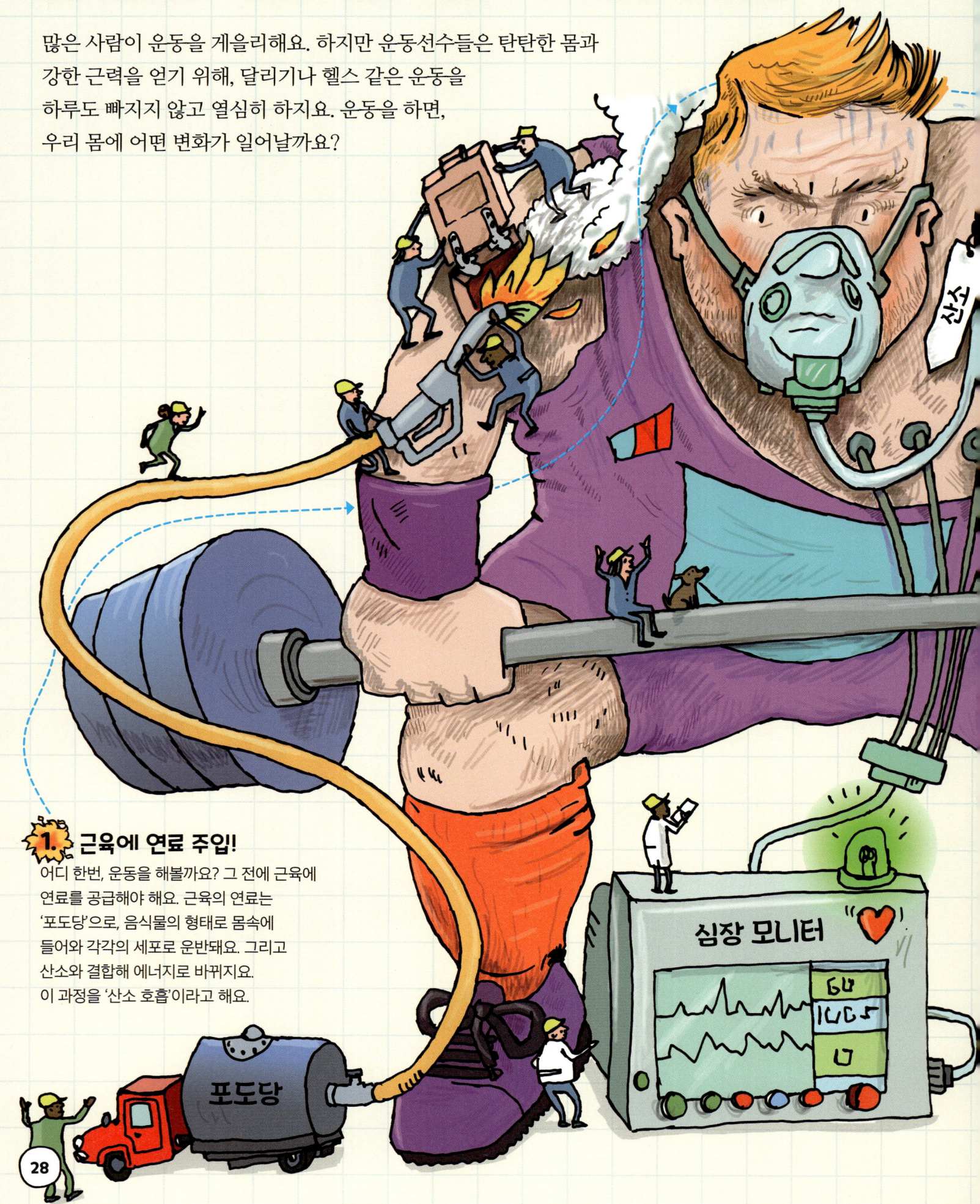

1. 근육에 연료 주입!

어디 한번, 운동을 해볼까요? 그 전에 근육에 연료를 공급해야 해요. 근육의 연료는 '포도당'으로, 음식물의 형태로 몸속에 들어와 각각의 세포로 운반돼요. 그리고 산소와 결합해 에너지로 바뀌지요. 이 과정을 '산소 호흡'이라고 해요.

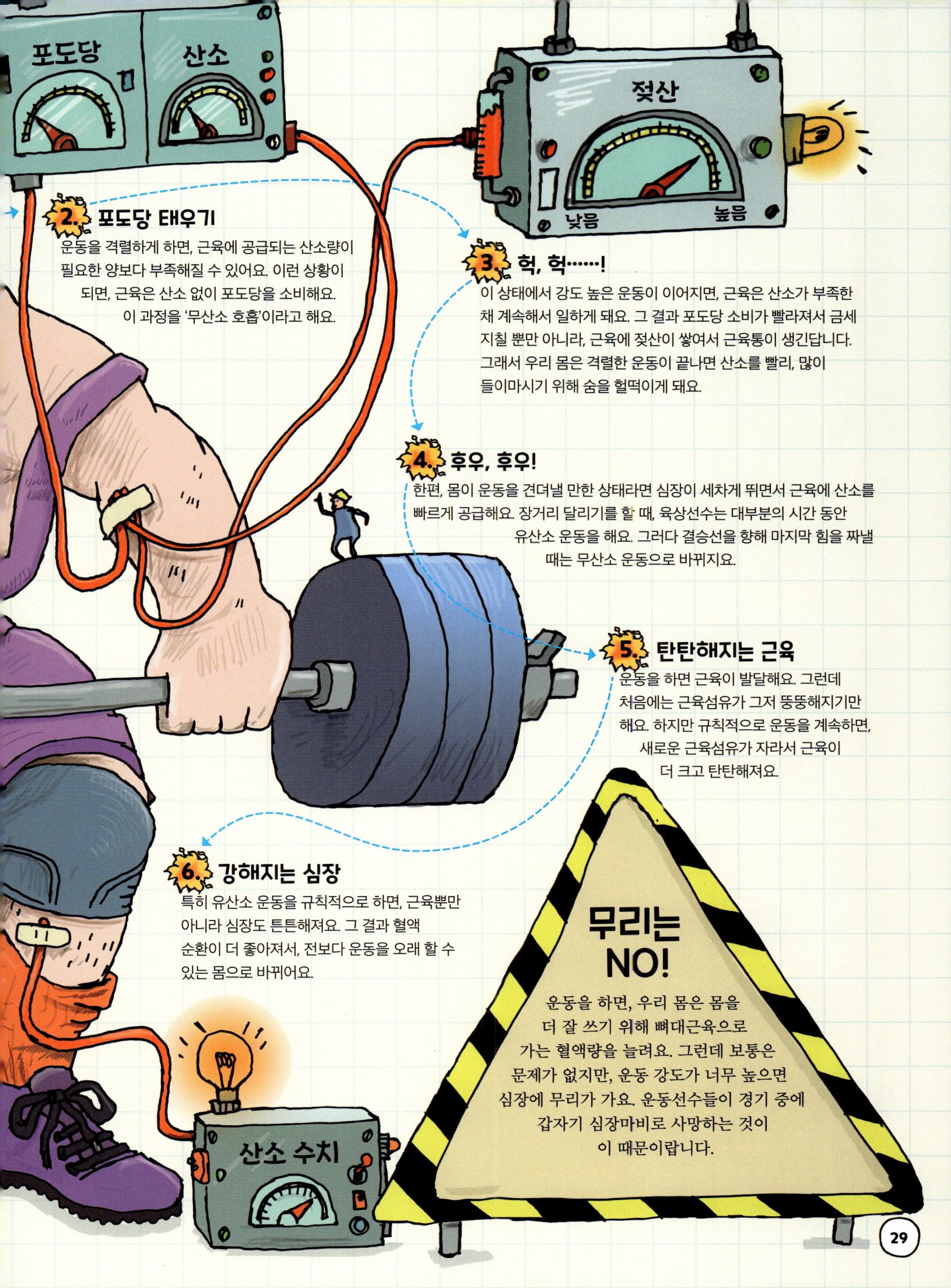

2. 포도당 태우기
운동을 격렬하게 하면, 근육에 공급되는 산소량이 필요한 양보다 부족해질 수 있어요. 이런 상황이 되면, 근육은 산소 없이 포도당을 소비해요. 이 과정을 '무산소 호흡'이라고 해요.

3. 헉, 헉……!
이 상태에서 강도 높은 운동이 이어지면, 근육은 산소가 부족한 채 계속해서 일하게 돼요. 그 결과 포도당 소비가 빨라져서 금세 지칠 뿐만 아니라, 근육에 젖산이 쌓여서 근육통이 생긴답니다. 그래서 우리 몸은 격렬한 운동이 끝나면 산소를 빨리, 많이 들이마시기 위해 숨을 헐떡이게 돼요.

4. 후우, 후우!
한편, 몸이 운동을 견뎌낼 만한 상태라면 심장이 세차게 뛰면서 근육에 산소를 빠르게 공급해요. 장거리 달리기를 할 때, 육상선수는 대부분의 시간 동안 유산소 운동을 해요. 그러다 결승선을 향해 마지막 힘을 짜낼 때는 무산소 운동으로 바뀌지요.

5. 탄탄해지는 근육
운동을 하면 근육이 발달해요. 그런데 처음에는 근육섬유가 그저 뚱뚱해지기만 해요. 하지만 규칙적으로 운동을 계속하면, 새로운 근육섬유가 자라서 근육이 더 크고 탄탄해져요.

6. 강해지는 심장
특히 유산소 운동을 규칙적으로 하면, 근육뿐만 아니라 심장도 튼튼해져요. 그 결과 혈액 순환이 더 좋아져서, 전보다 운동을 오래 할 수 있는 몸으로 바뀌어요.

무리는 NO!
운동을 하면, 우리 몸은 몸을 더 잘 쓰기 위해 뼈대근육으로 가는 혈액량을 늘려요. 그런데 보통은 문제가 없지만, 운동 강도가 너무 높으면 심장에 무리가 가요. 운동선수들이 경기 중에 갑자기 심장마비로 사망하는 것이 이 때문이랍니다.

말소리를 만드는 발음기관

사람에게 '말하기'란 너무나 자연스럽게 일어나는 일이에요. 하지만 사람을 뺀 다른 동물들은 말을 할 수 없고, 앵무새 같은 새들도 소리를 흉내 낼 뿐 진짜 말을 할 수 있는 건 아니에요. 심지어 아기조차 말하기를 배워야 할 수 있지요. 우리는 어떻게 말을 할 수 있는 걸까요?

1. 쉬이이!
우리 목 안의 '후두'에는 소리를 만드는 특별한 기관이 있어요. 바로 2개의 점막 주름이 'V'자 모양을 이루는 '성대'예요. 우리가 숨을 쉴 때는 성대틈새가 넓게 벌어져서 공기가 지나가도 아무런 소리가 나지 않아요. 하지만 폐나 기관에 이상이 있어서 기도가 좁아지면, 숨 쉴 때마다 바람이 새는 것 같은 소리가 나요.

2. 아아아!
반대로 숨을 참거나 말할 때는 성대틈새가 좁아져요. 그 결과, 폐에서 나오는 공기가 성대 주름을 진동시켜서 소리가 발생하지요. 기타 줄을 튕기면, 줄이 떨리면서 소리가 나는 것과 같은 원리예요.

3. 우우우!
성대에서 만들어진 약한 소리는 '인두'라고 하는 입안과 코안 뒤쪽 공간으로 올라가요. 우리가 말을 하거나 노래를 하면, 인두는 최대한 수축해서 끽끽, 꾁꾁 같은 이상한 소리 대신 매끄럽고 멋진 소리가 나게 한답니다.

열린 성대틈새로 공기가 지나가요.

기도

유음
혀 양옆으로 공기를 흘려보내면서 내는 소리예요.
'ㄹ'이 있어요.

인두

혀

식도

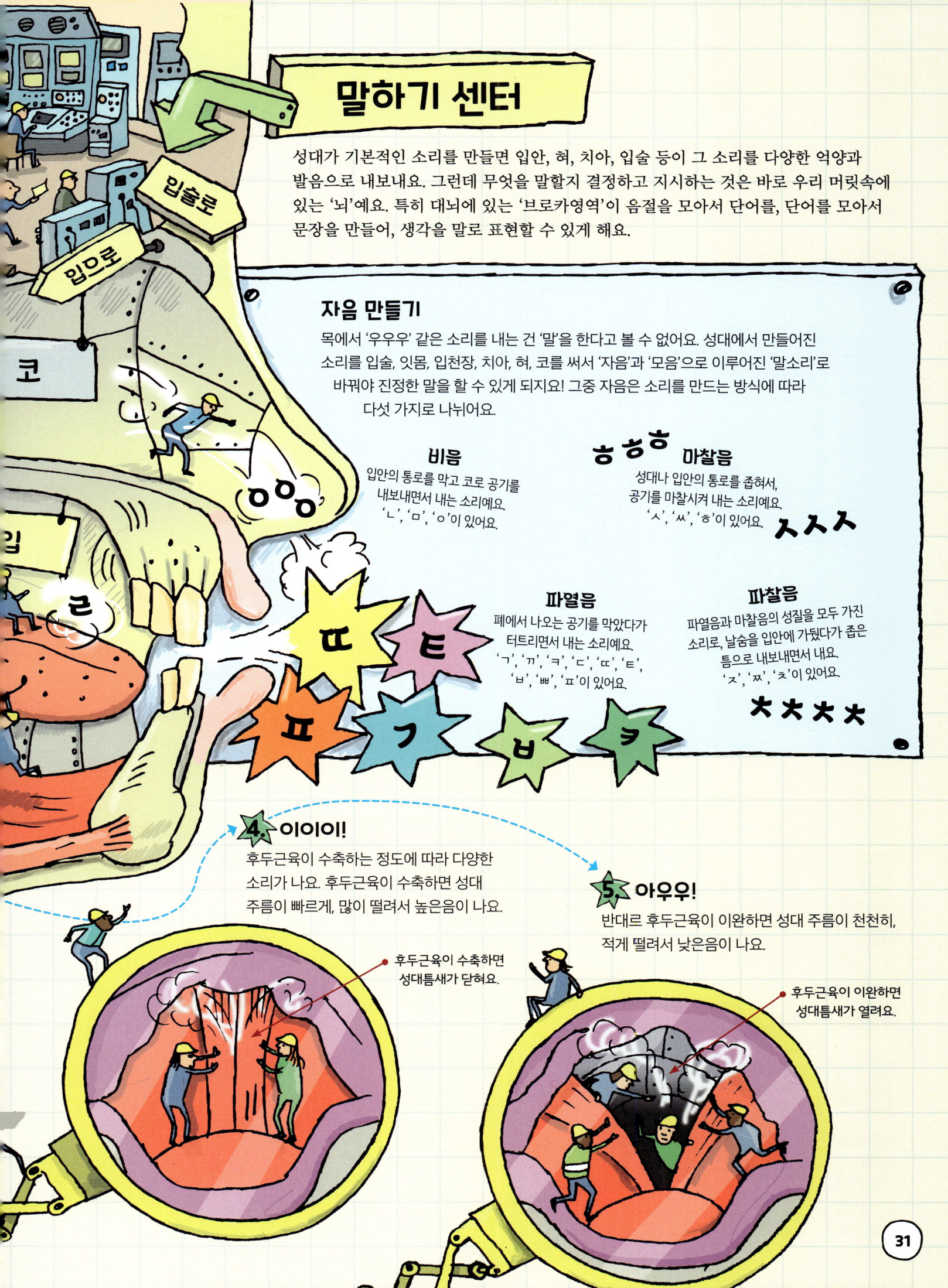

몸의 맨 바깥에 있는 피부

피부는 우리 몸에서 가장 큰 기관이에요. 쫙 펼치면 면적이 약 2m²나 되고, 무게는 5kg에 달한답니다. 피부는 세균이 몸속에 침입하는 것을 막고, 추위와 더위로부터 체온을 일정하게 유지해 주지요. 또 몸 바깥에서 오는 자극을 감지하고, 햇빛으로부터 비타민D를 합성하기도 하지요. 두께는 2mm도 안 되지만 여러 개의 층으로 이뤄져 있어요.

피부 바깥층

피부에서 가장 바깥쪽 세포층을 '표피'라고 해요. 대부분 납작한 피부세포로 이뤄져 있고, 사이사이 검은색 색소인 '멜라닌'을 만드는 멜라닌세포가 흩어져 있어요. 멜라닌 양에 따라 우리 피부색이 달라지요.

1. 세포가 떨어져 나가는 각질층

각질층은 우리 눈에 보이는 피부의 맨 바깥 부분이에요. 생긴 지 오래돼 납작해진 표피세포로 이루어지는데, 이 세포의 속은 방수 기능을 가진 독특한 피부 단백질 '케라틴'으로 채워져 있어요. 그래서 피부 밖으로 수분이 빠져나가거나 안으로 세균이 들어오는 것을 막아 주지요. 오래된 세포들은 영양분 공급이 끊겨서 곧 죽어요. 그 결과 1분에 무려 4만 개, 평생으로 치면 50kg이나 되는 죽은 세포가 우리 몸에서 떨어져 나간답니다!

2. 각질화가 시작되는 과립층

과립층은 표피세포가 생명력을 잃기 시작하는 단계예요. 표피세포는 바깥쪽으로 밀려날수록 핵을 잃고 퇴화하면서, 속에 케라틴이 뭉친 알갱이(과립)가 만들어져요. 이 과정을 '각질화'라고 해요.

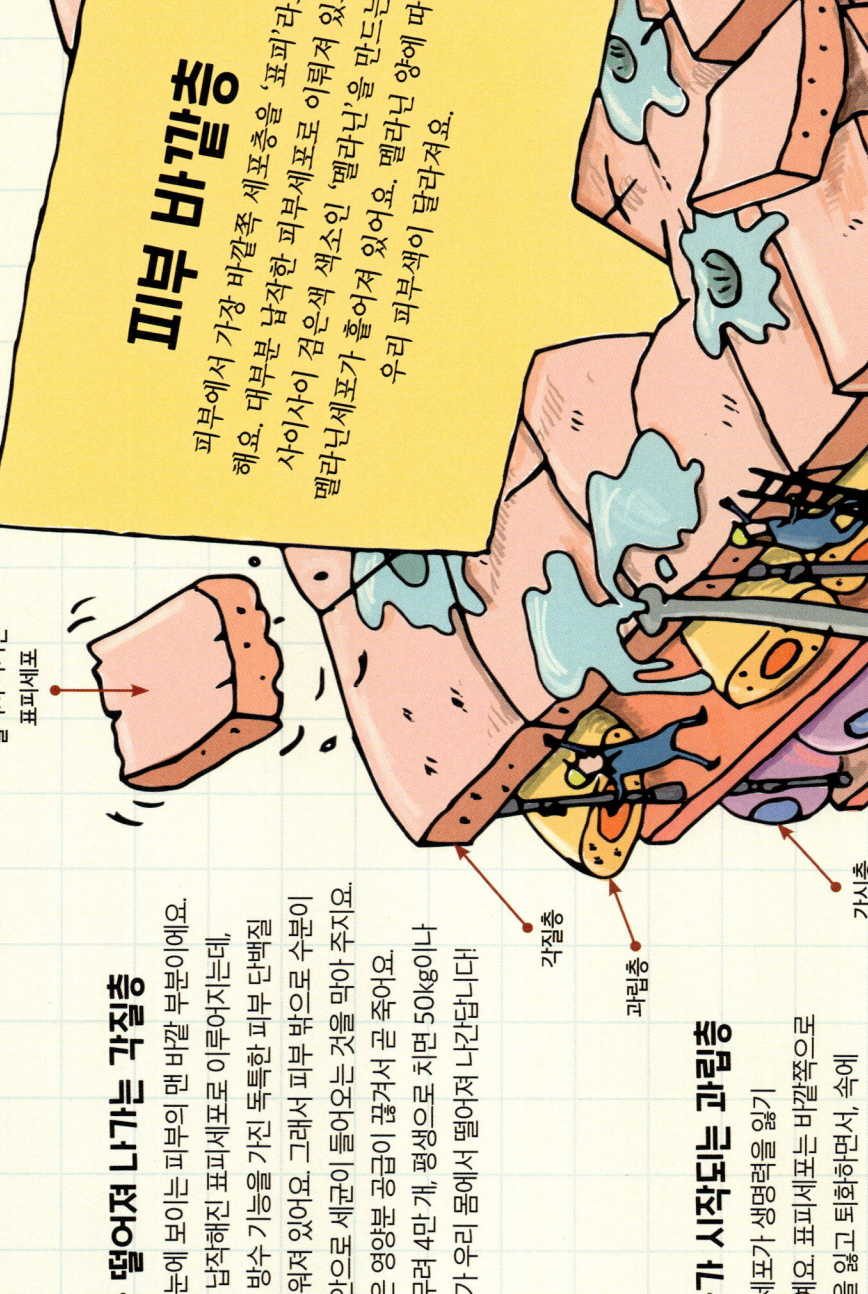

파부 표면

떨어져 나가는 표피세포

각질층

과립층

가시층

바닥층

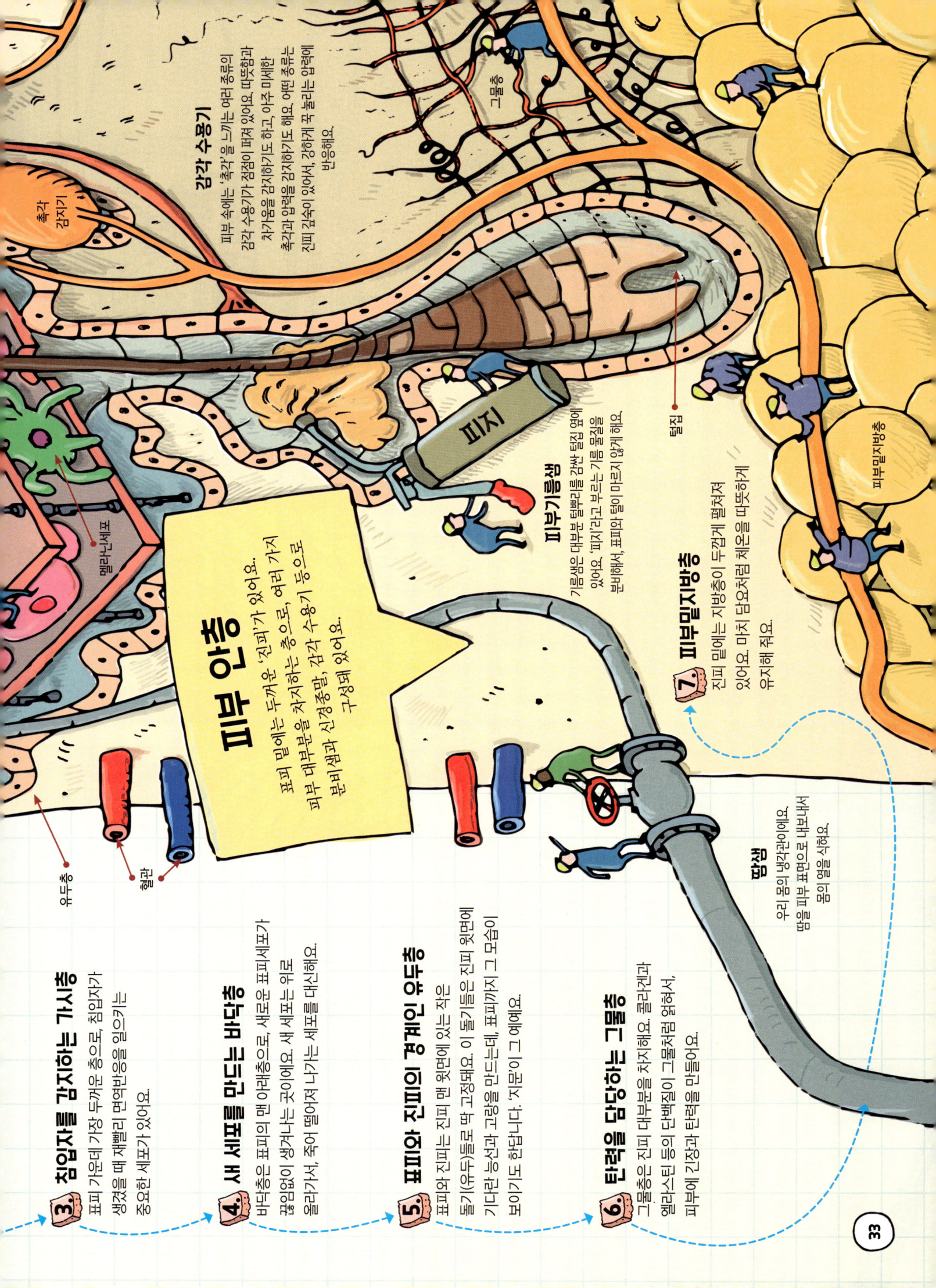

뼈 안에서 일어나는 일

뼈는 우리 몸을 탄탄하게 지지하고, 심장과 뇌 같은 장기를 안전하게 보호해요. 또 적혈구와 백혈구, 혈소판 같은 혈액세포를 만드는 것도 뼈의 중요한 임무 중 하나지요! 뼈는 속이 비어서 가볍지만, 구조가 매우 복잡해서 쉽게 부러지지 않아요. 콘크리트보다 무려 4배나 강하답니다.

1. 뼈 제작자들
뼈는 그저 단단한 막대기가 아니라 살아 있는 조직이에요. 언제나 뼈의 텅 빈 중심부에서 '뼈모세포'라고 하는 뼈 제작자들이 열심히 일하고 있어요.

2. 풋뼈 만들기
뼈모세포 팀은 강하고 신축성 있는 콜라겐 섬유를 자아내는 것으로 일을 시작해요. 그리고 이 섬유로 '풋뼈'라고 하는 미성숙한 뼈조직을 형성해요.

3. 단단하게 굳히기
뼈모세포 팀은 건물에 시멘트를 바르듯 풋뼈 위로 단단한 칼슘 같은 무기질을 끼얹어서 석회화를 일으켜요. 그리고 각각 풋뼈에 둘러싸여, 돌기처럼 생긴 구조물을 만들어요.

4. 엉성한 해면뼈 생성
무기질 돌기는 여러 방향으로 자라나, 뼈의 텅 빈 중심부 주위로 그물 모양의 기둥을 만들어요. 이것을 '해면뼈'라고 해요. 구멍이 숭숭 뚫려서 약해 보여도 충격에 잘 견디는 완벽한 구조를 갖췄어요.

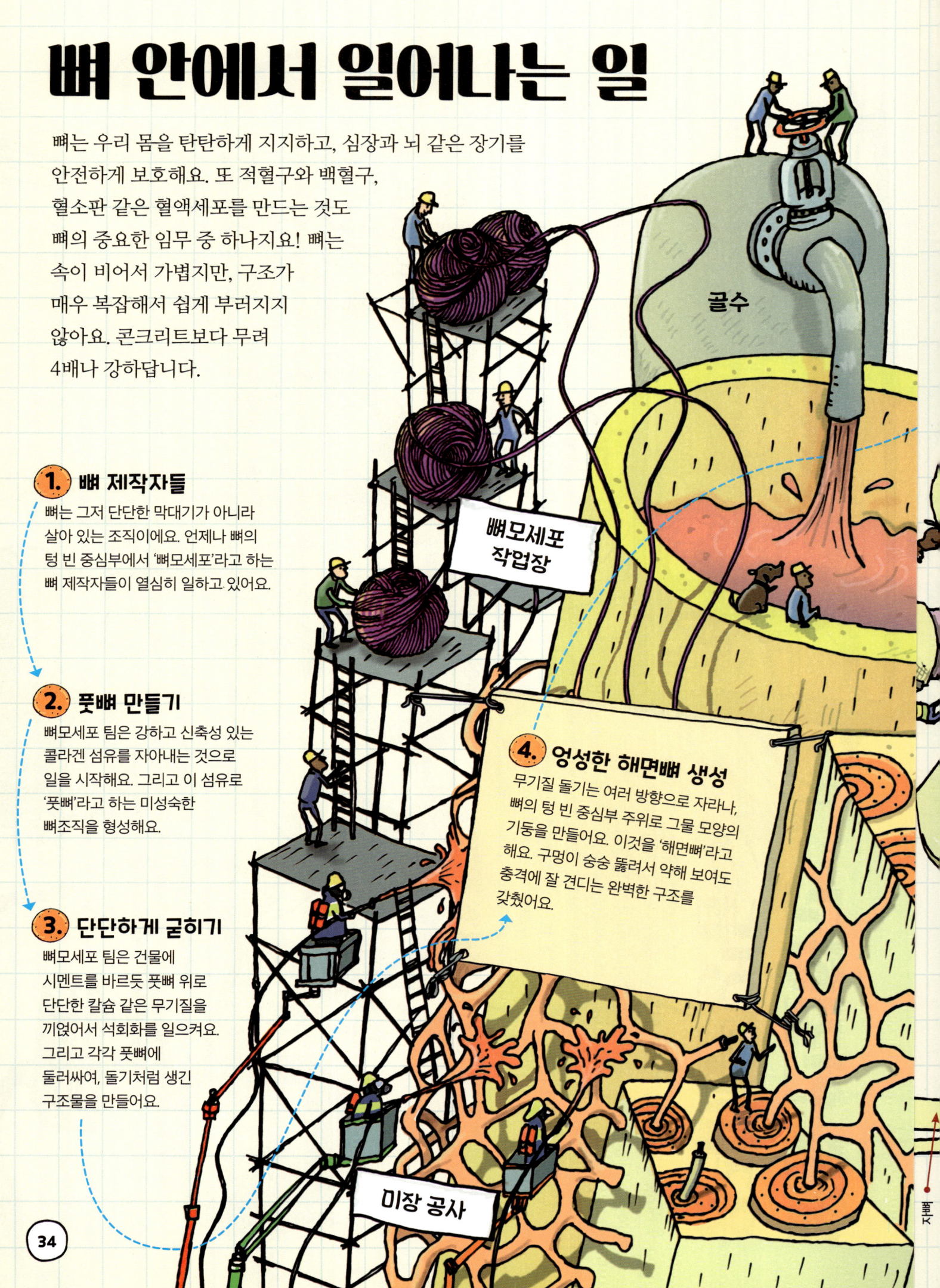

세포의 생장과 소멸

우리 몸은 끊임없이 세포를 만들어 내는 기계와도 같아요. 오래된 세포는 죽고 수백만 개의 새로운 세포가 탄생하지요.

1. 끊임없이 교체되는 세포
신경세포는 대부분 한번 생기면 평생 가요. 하지만 표피세포는 생긴 지 고작 몇 주 만에 죽고, 새로운 세포로 대체되지요. 우리 몸속 모든 세포의 수명주기는 7~10년 정도예요. 다만 조금이라도 손상되면, 즉시 새 세포로 바뀐답니다.

2. 성장하는 몸
눈치채지 못했겠지만, 우리 몸은 매일 조금씩 자라고 있어요. 세포 수가 늘어나면서, 뼈는 물론이고 코와 귀까지 몸의 모든 부분이 자라지요. 때로는 천천히, 때로는 빠르게 자라다가 어른이 되어서야 성장을 멈춰요.

3. 2배씩 늘어나는 세포
그런데 세포는 어디선가 뿅 하고 생기는 게 아니라, 원래 우리 몸에 있던 하나의 세포(모세포)가 반으로 나뉘어서 2개의 새로운 세포(딸세포)가 되는 거예요. 그래서 몸에 새로운 세포가 필요해지면, 세포가 계속해서 나뉘며 수를 늘려요. 이것을 '세포분열'이라고 해요.

줄기세포

줄기세포는 우리 몸의 모든 기관과 조직으로 발달할 수 있는 특별한 세포예요. 대부분은 엄마 배 속에서 갖가지 세포로 분화하지만, 일부는 골수와 피부 등에 남아 있어요. 과학자들은 줄기세포를 이용해서 난치병을 치료할 방법을 찾고 있답니다.

4. DNA 복제
모든 세포는 같은 방식으로 분열해요. 먼저, 세포에 든 DNA가 복제돼요. 그러면 2세트로 늘어난 DNA가 잔뜩 꼬이고 뭉쳐서, X자 모양의 '염색체' 46개가 돼요. 하나의 염색체는 2개의 염색분체로 이루어지는데, 각 염색분체에는 똑같은 DNA가 한 세트씩 들어 있어요.

7. 세포의 소멸
세포는 표면에 있는 화학물질이 반응하는 곳에서만 살 수 있어요. 만약 엉뚱한 곳에 떨어지면, 그 자리에서 곧장 죽고 말지요. 세포는 손상되거나 너무 오래됐을 때도 저절로 죽는데, 이러한 현상을 '세포자멸사'라고 해요. 우리 몸을 보호하기 위해 일어나는 자연스러운 일이에요.

6. 이제 그만!
어릴 때는 몸 곳곳이 바쁘게 성장해야 해요. 그래서 '사이토카인'이라는 화학물질이 세포가 더 빨리 분열하게 해요. 그런데 몸이 충분히 자랐거나 상처가 아물어서 새 세포를 만들 필요가 없어지면, 또 다른 사이토카인이 나와서 분열을 멈추라고 신호를 보내요.

8. 뼈가 자라는 곳
팔다리에 있는 긴뼈의 끝부분에는 '성장판(뼈끝판)'이라는 부위가 있어요. 뼈를 만드는 세포들이 활발하게 분열하면, 새로 만들어진 딸세포가 이곳에 쌓이고 오래된 세포들은 점점 뼈 중앙으로 밀려나서 단단한 뼈가 돼요. 그러면서 뼈가 점점 길고 커지지요. 하지만 성장기가 지나면 성장판도 단단한 뼈로 변하고, 뼈의 성장도 멈춰요.

5. 반으로 나뉘기 시작!
염색체들이 세포 중앙에 모여요. 그러면 모든 염색체의 염색분체가 분리돼 세포 양 끝으로 끌려가고, 각각 하나의 독립된 염색체가 돼요. 이후 세포 중앙이 우묵해지면서 둘로 나뉘고, 두 세포 속의 염색체들은 원래대로 실처럼 풀어져요. 이제 2개의 딸세포가 완성됐어요!

신비한 화학물질, 호르몬

이상하게 해가 일찍 뜨는 여름에는 눈이 일찍 떠지고, 해가 늦게 뜨는 겨울에는 잠꾸러기가 되지요? 그 이유는 우리 몸이 주변 환경이나 시간에 맞춰 신체 기능을 자동으로 조절할 수 있기 때문이에요. 여기에 관련된 것이 바로 '호르몬'이랍니다! 호르몬은 몸속을 돌아다니면서, 각 기관이나 조직의 세포가 무엇을 해야 할지 알려 줘요.

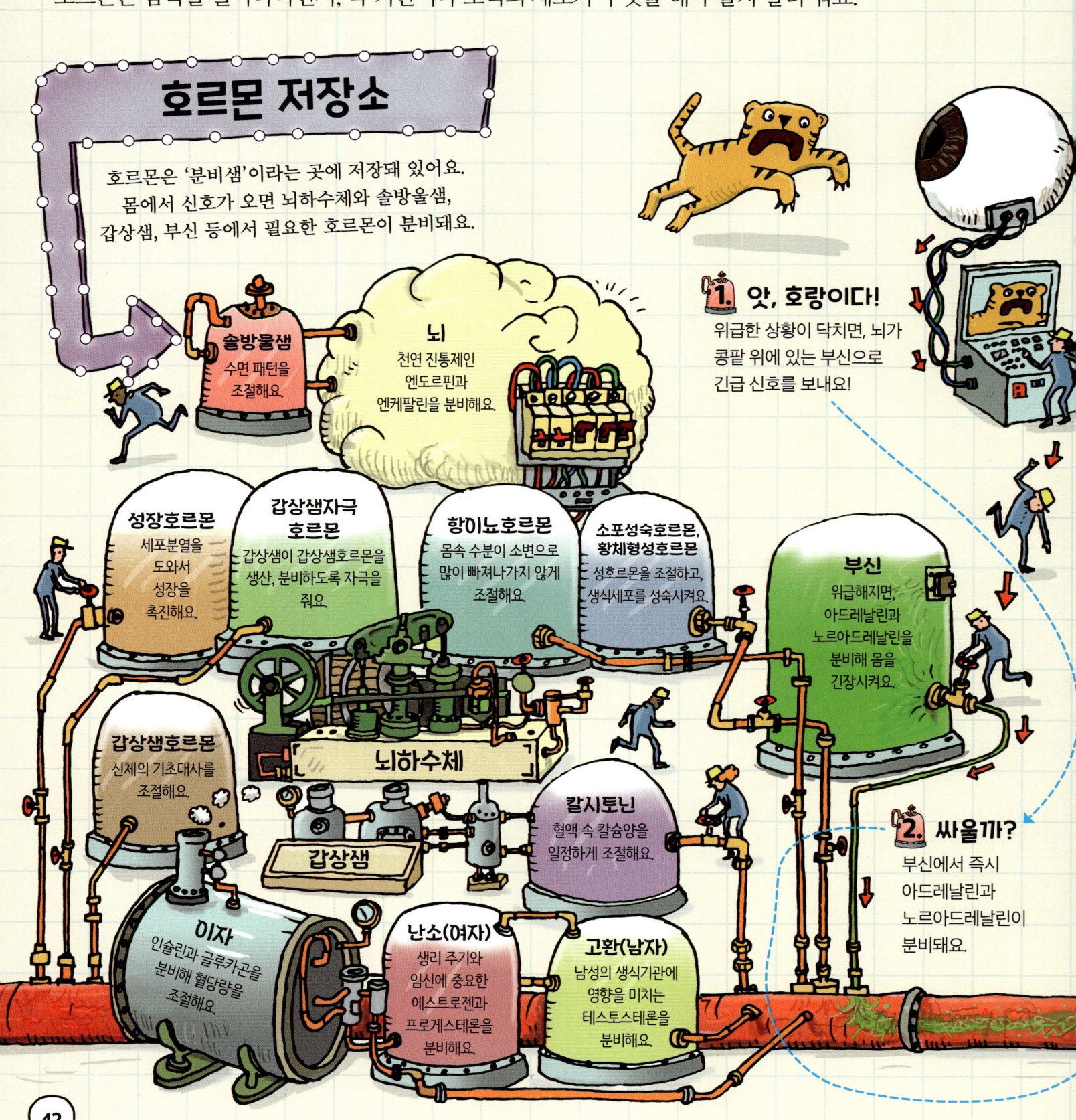

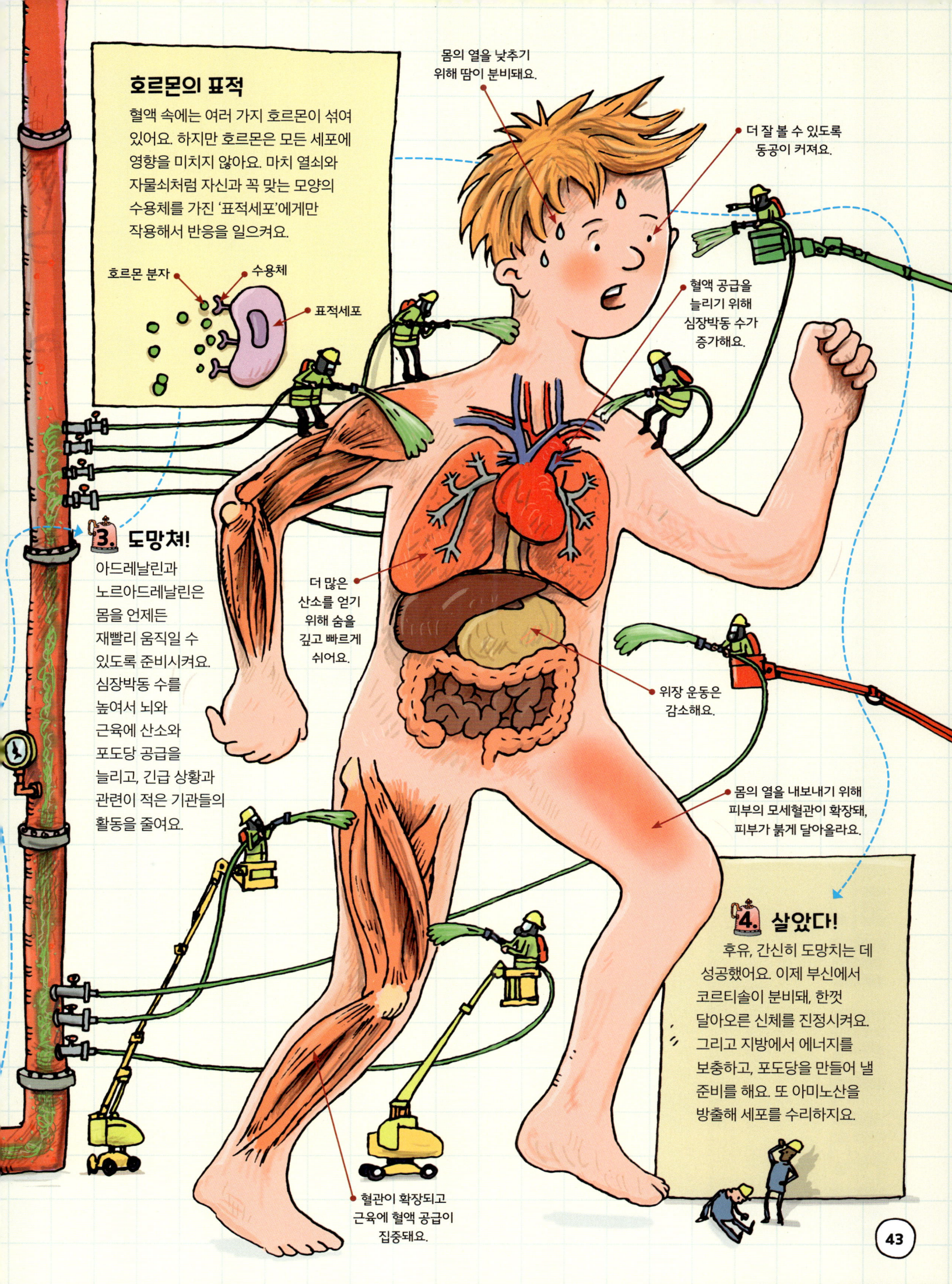

엄청나게 바쁜 인체의 화학 공장

간은 엄청나게 바쁜 화학 공장이에요. 밤낮없이 일하면서, 약 500가지나 되는 다양한 화학 업무를 한 번에 처리하지요! 대표적으로 혈액을 맑게 하고, 혈액 속 영양분을 우리 몸이 사용하기에 적절한 형태로 가공해요. 또 쓸개즙을 만드는 것도 간의 몫이랍니다.

간은 이 밖에도 정말 많은 일을 매일매일 열심히 해내요.

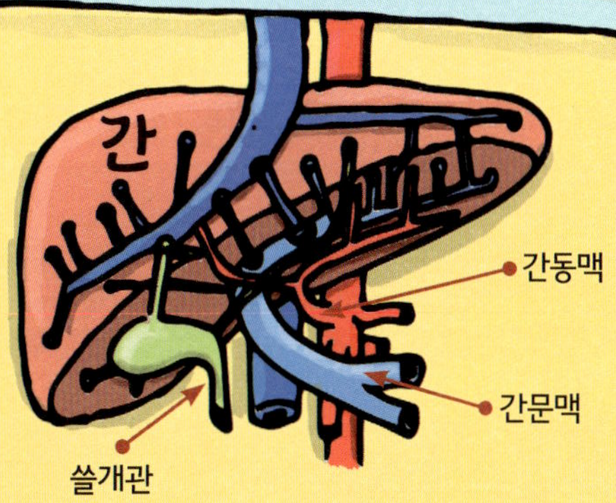

4. 포도당 연료 생산

혈액으로부터 영양분을 받아들인 간소엽은 그중 탄수화물을 우리 몸이 가장 많이 쓰는 에너지원인 '포도당'으로 바꾸느라 매우 바빠져요. 포도당 중 일부는 곧장 혈액으로 보내져서 에너지가 필요한 곳에 운반되고, 일부는 갑자기 많은 에너지가 필요할 때에 대비해 간에 글리코겐 형태로 저장돼요.

1. 특별한 혈액 공급

우리 몸의 거의 모든 기관은 혈액이 동맥으로 들어와서 정맥으로 빠져나가요. 하지만 간은 '간동맥'을 통해 산소가 풍부한 동맥피를, '간문맥'을 통해 하나 장에서 흡수한 영양분이 가득한 정맥피를 공급받아요.

36.5℃가 유지되는 이유

우리 몸은 체온을 항상 일정하게 유지하는 능력이 있어요. 그래서 몸이 아플 때를 빼고는 아무리 덥거나 추워도 체온이 36~37℃로 유지되지요. 대체 우리 몸에는 어떤 온도 조절 장치가 있는 걸까요?

1. 우리 몸의 연료
우리는 음식을 먹어야 살아갈 수 있어요. 우리가 음식을 먹으면, 몸속에서 생명을 유지하는 데 필요한 수많은 화학반응이 일어나요. 그 과정에서 열이 발생하고, 몸을 움직일 수 있는 에너지도 생기지요.

2. 작은 발전소
모든 세포 안에는 미토콘드리아라고 하는 아주 작은 발전소가 있어요. 미토콘드리아는 혈액 속 산소의 도움을 받아서, 포도당을 분해하면서 에너지를 만들어요. 이 '세포호흡' 과정에서 열이 만들어져요.

3. 커다란 간 보일러
간은 우리 몸의 커다란 보일러예요. 빽빽하게 붙어 있는 간세포들이 오래된 헤모글로빈 같은 물질을 분해하는 과정에서 많은 열이 발생해요. 그래서 간에서 나가는 혈액은 들어올 때보다 온도가 조금 높아요.

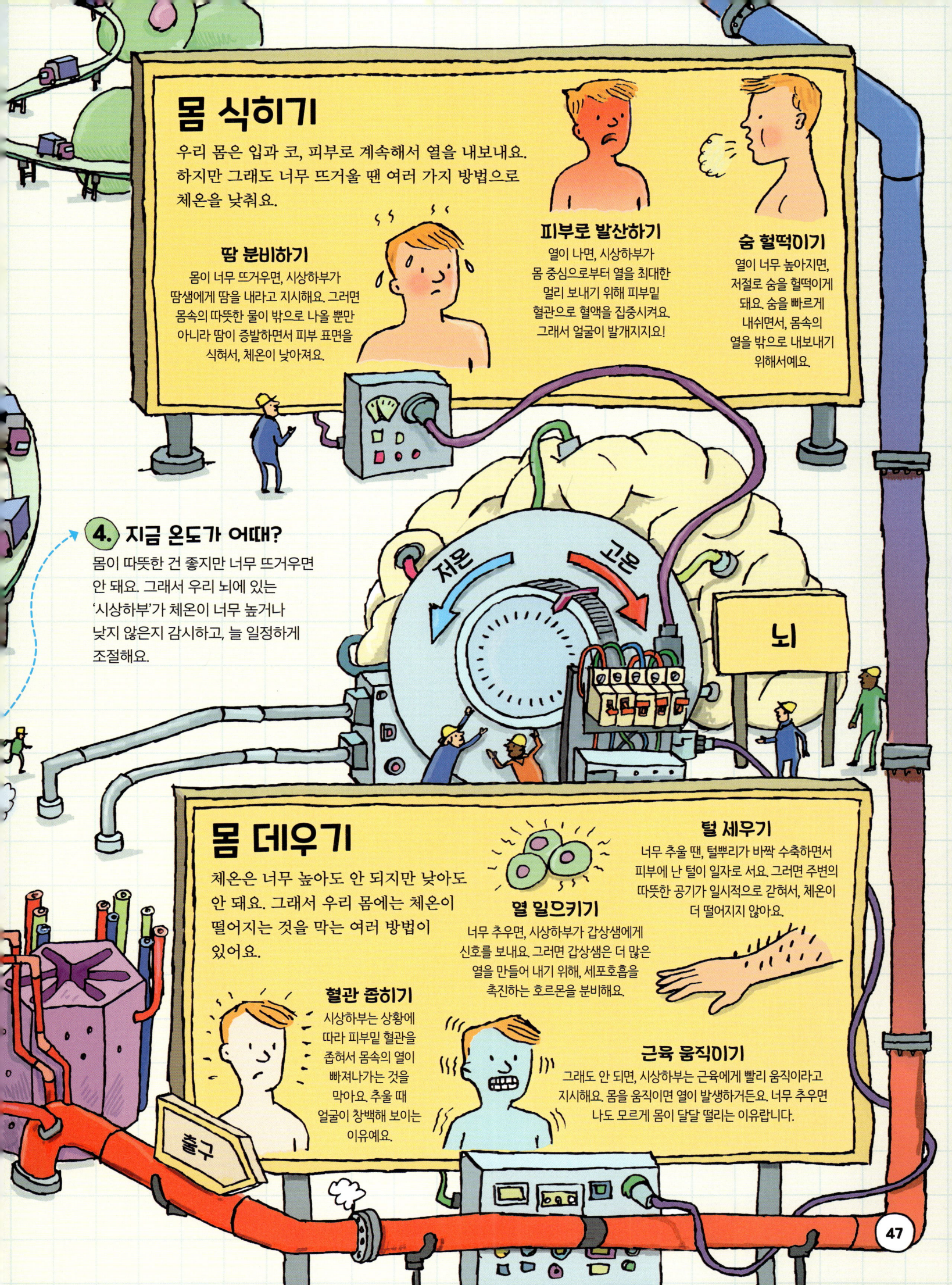

우리 몸의 물 관리자, 콩팥

우리 몸은 60% 이상이 물로 이뤄져 있어요. 물은 세포 속을 채우고 체액 대부분을 구성할 뿐만 아니라, 생명에 꼭 필요한 여러 가지 화학반응이 일어나게 해요. 우리 몸에서 이렇게 중요한 물을 관리하는 것이 콩팥의 주요 임무 중 하나랍니다.

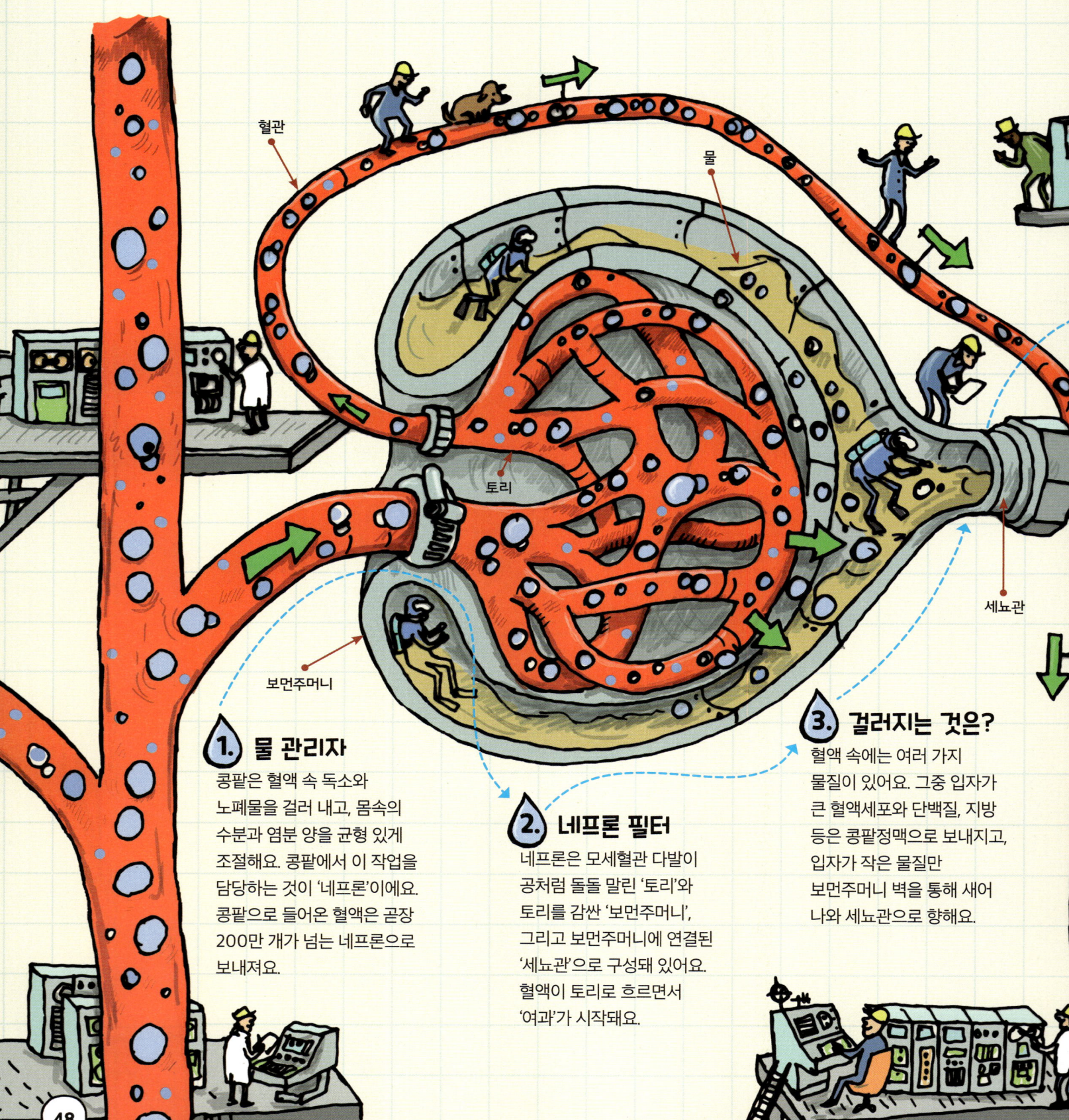

1. 물 관리자
콩팥은 혈액 속 독소와 노폐물을 걸러 내고, 몸속의 수분과 염분 양을 균형 있게 조절해요. 콩팥에서 이 작업을 담당하는 것이 '네프론'이에요. 콩팥으로 들어온 혈액은 곧장 200만 개가 넘는 네프론으로 보내져요.

2. 네프론 필터
네프론은 모세혈관 다발이 공처럼 돌돌 말린 '토리'와 토리를 감싼 '보먼주머니', 그리고 보먼주머니에 연결된 '세뇨관'으로 구성돼 있어요. 혈액이 토리로 흐르면서 '여과'가 시작돼요.

3. 걸러지는 것은?
혈액 속에는 여러 가지 물질이 있어요. 그중 입자가 큰 혈액세포와 단백질, 지방 등은 콩팥정맥으로 보내지고, 입자가 작은 물질만 보먼주머니 벽을 통해 새어 나와 세뇨관으로 향해요.

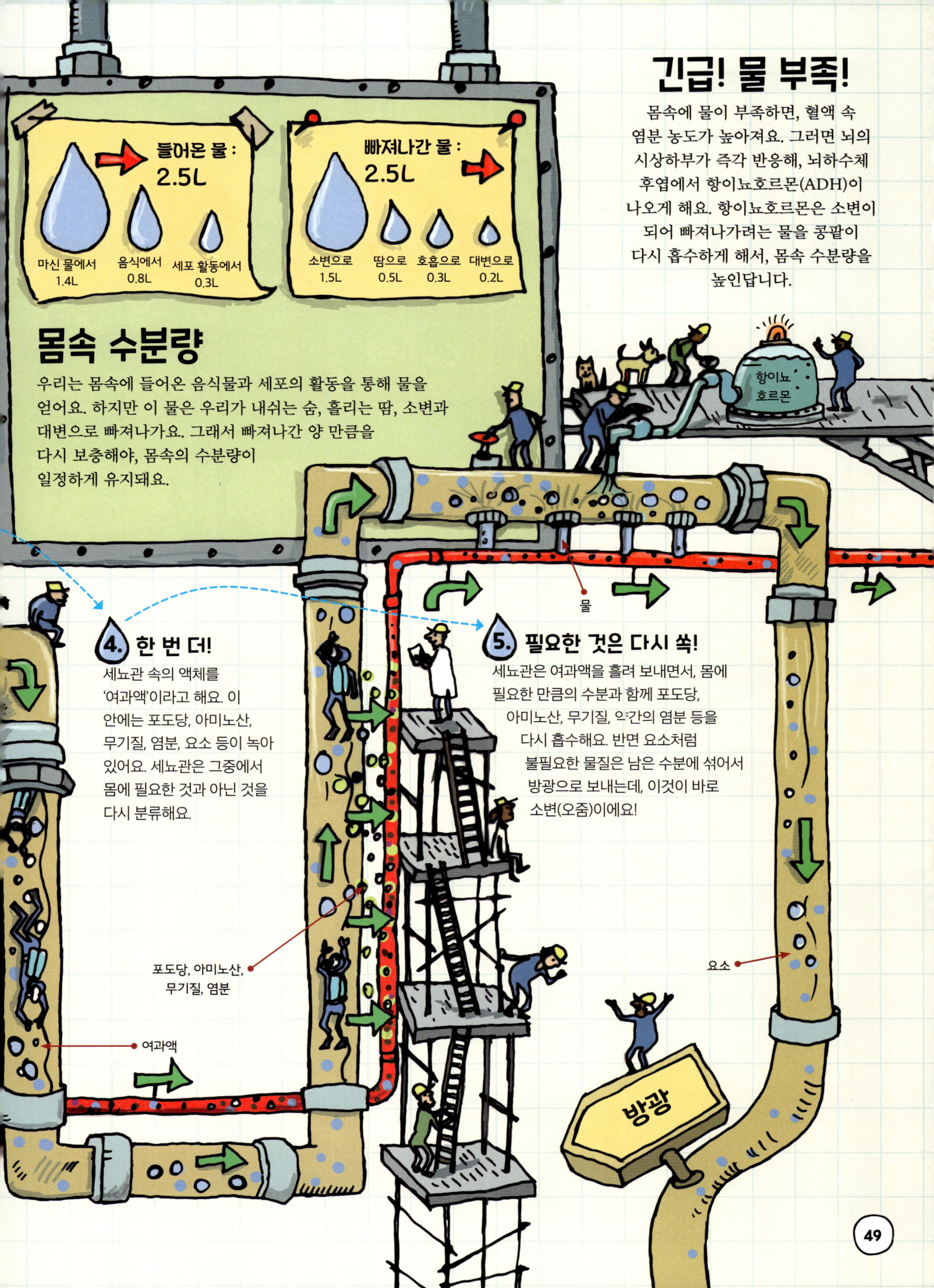

음식물 속 영양소 찾기

우리는 고기만 먹는 사자나 풀만 먹는 소와는 다르게 다양한 음식을 먹어요. 그 이유는 우리 몸이 성장하고 건강을 유지하려면, 여러 가지 영양분을 골고루, 균형 있게 섭취해야 하기 때문이지요. 영양소 마트에 간 작은 안내자들이 우리를 위해 무엇을 얼마나 사는지 살펴보세요!

입구

통곡물빵
흰 빵과 다르게, 갈색 빵에는 섬유질이 풍부해요.

과일과 채소
과일과 채소에는 비타민이 아주 풍부해요. 하지만 다른 영양소는 부족해서, 채식주의자라면 식단 관리에 더욱 신경 써야 해요.

· **비타민**
영양소 마트에서 구입해야 할 것 중에 부피가 가장 작은 건 비타민이에요. 비타민은 우리 몸에 필요하지만, 몸에서 저절로 생기지 않아요. 그래서 음식물로 섭취해야 하지요. A부터 K까지 종류가 여러 가지인데, 우리 몸에서 하는 일이 다 달라요.

· **섬유질**
장이 건강하려면, 섬유질을 자주 섭취해야 해요. 섬유질은 통곡물과 뻣뻣한 줄기채소에 많은 성분으로, 우리 몸이 소화하기에는 질긴 편이라서 장이 활발하게 운동하게 해요.

육류
우리 몸에 필요한 모든 아미노산이 들어 있고, 지방도 풍부해요.

생선
훌륭한 단백질과 비타민 공급원이에요.

· **단백질**
새로운 세포를 만들고 오래된 세포를 수리하려면 단백질이 꼭 필요해요. 쑥쑥 크는 성장기에는 특히 더 필요하지요! 단백질은 20가지의 아미노산을 조립해서 만들어요. 그런데 우리 몸은 12가지 아미노산만 만들 수 있어서, 나머지는 음식을 통해 얻어야 해요.

치즈
25%가 단백질이고, 지방도 풍부해요.

달걀
단백질과 비타민이 풍부해요.

출구

• **지방**
지방은 물에 녹지 않는 성분으로, 기름진 음식에 있어요. 고기의 지방이나 치즈처럼 고체이기도 하고, 올리브유처럼 액체이기도 하지요. 지방도 탄수화물처럼 우리 몸에 에너지를 공급하는데, 지방은 보통 바로 쓰이지 않고 저장됐다가 나중에 쓰여요.

• **무기질과 물**
칼슘과 철, 마그네슘, 나트륨, 인, 아이오딘 같은 무기질은 우리 몸에 꼭 필요하지만 몸에서 저절로 생기지 않아요. 그래서 반드시 음식을 통해 섭취해야 하지요. 우리 몸의 60% 이상을 차지하는 물도 마찬가지예요.

감자, 고구마
탄수화물은 빵, 쌀, 감자, 고구마 같은 음식에 많아요.

• **탄수화물**
카트에 제일 많이 담아야 할 것은 우리 몸에서 가장 많이 쓰는 에너지 연료인 탄수화물이에요! 탄수화물은 녹말이나 당 등 탄소, 수소, 산소로 이루어진 화합물이에요. 몸속에서 포도당으로 바뀌어 세포에 공급되거나, 글리코젠 형태로 간과 근육에 저장돼요.

번개처럼 지나가는 신경 신호

신경계는 '뉴런'이라고 하는 길쭉한 신경세포로 이뤄져 있어요. 뉴런은 전기적이고 화학적인 방법을 통해, 우리 몸 곳곳에 '신경 신호'를 전달하는 일을 해요. 감각뉴런은 감각기관으로부터 신호를 받아서 뇌와 척수에 전달하고, 운동뉴런은 뇌와 척수가 보내는 신호를 근육에 전달하지요.

2. 시작!
그런데 수용체에 자극이 전해지는 순간, 변화가 시작돼요. 앗, 손가락이 선인장 가시에 닿았어요! 이제 어떻게 되나 볼까요?

3. 이온 통로, 오픈!
세포막에 있는 나트륨 이온 통로 중 일부가 열리면서, 세포 밖에 가득하던 나트륨 이온들이 안쪽으로 우르르 쏟아져 들어와요. 나트륨 이온은 양(+)전하를 띠기 때문에, 세포막 안쪽이 음극에서 양극으로 바뀌어요.

1. 대기 중!
피부밑에서 감각뉴런의 맨 끝부분에 있는 수용체가 우리에게 무슨 일이 일어나는지 즉시 신경 신호를 전달하려고 대기 중이에요. 신경 신호는 전하를 띤 아주 작은 입자(이온)가 뉴런의 세포막에 있는 '이온 통로'로 이동하면서 만들어져요. 현재 세포막 안에는 음(-)이온이, 밖에는 양(+)이온이 더 많은 상태예요.

시냅스 점프!

뉴런과 뉴런이 접촉하는 부위를 '시냅스'라고 해요. 그런데 시냅스는 약간 벌어져 있어요. 그래서 뉴런은 이 틈으로 신경전달물질이라고 하는 화학물질을 보내서 다른 뉴런을 자극해요. 그러면 뉴런의 수용체가 반응하면서 신호가 전달돼요.

10. 후유~!
근육이 재빠르게 수축해서 손가락을 움츠려요. 이 모든 과정은 정말 순식간에 일어나요. 무슨 상황인지 알게 되는 것은 그 뒤의 일이랍니다!

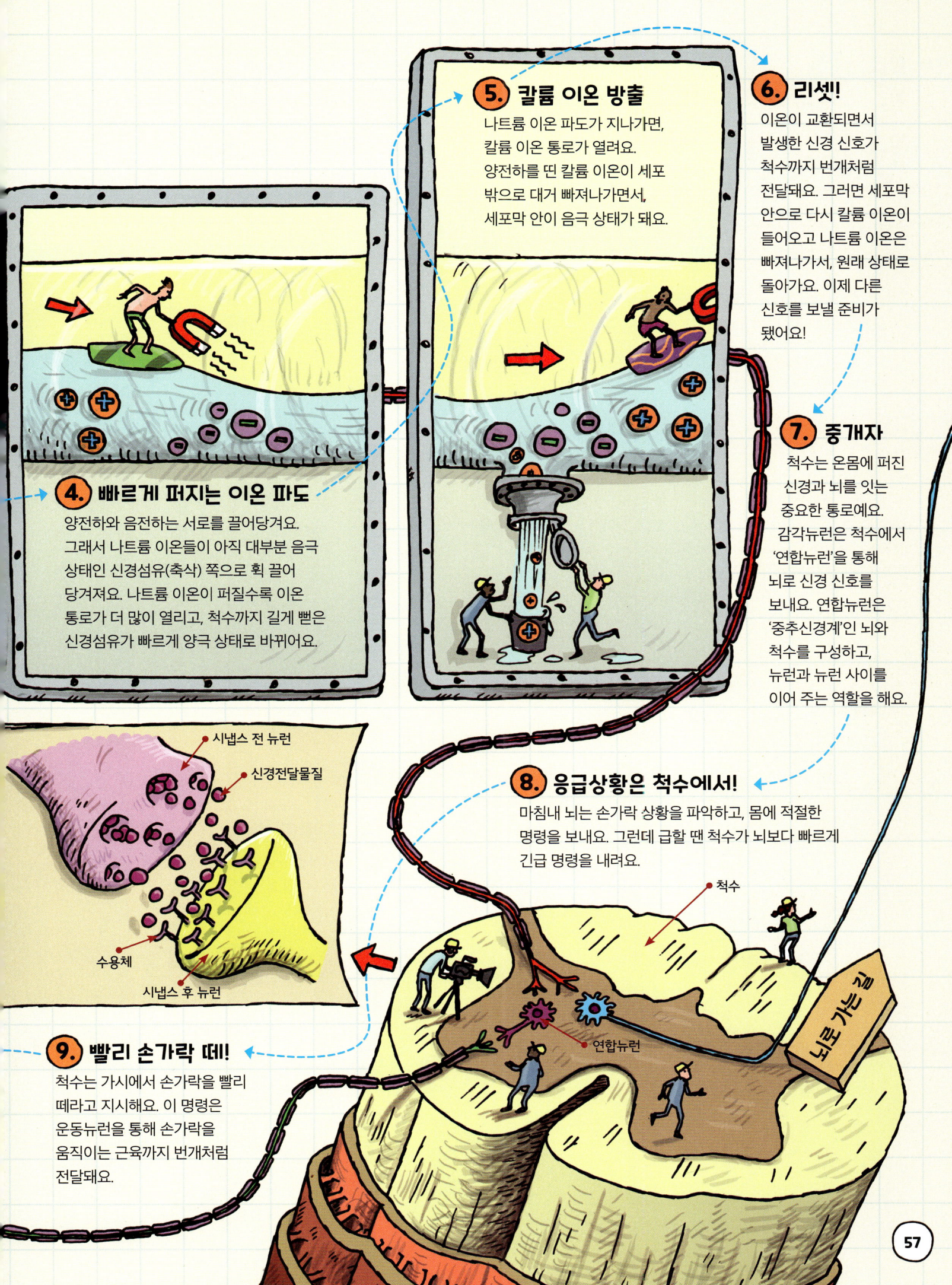

눈으로 사물을 보는 과정

우리 눈은 대단히 놀라운 카메라예요. 세상 모든 것을 선명하게 포착하는 환상적인 렌즈가 들어 있거든요. 또 눈 뒤쪽 너머에는 엄청난 시각 처리 장치가 있어요. 그래서 렌즈에 사물의 모습이 비치는 즉시 분석해, 실제 모습 그대로 생생하게 출력해 준답니다.

1. 눈으로 들어가는 빛
우리가 무언가를 보면, 물체에 반사된 빛이 투명한 각막을 통해 동공으로 들어와요. 동공은 눈 한가운데 있는 어두운 구멍이에요. 동공을 둘러싼 홍채 근육이 동공의 크기를 키우거나 줄여서, 눈 안으로 들어오는 빛의 양을 조절해요.

2. 투명한 볼록 렌즈
동공으로 들어온 빛은 수정체를 통과하면서 굴절돼요. 수정체는 젤리처럼 탄성이 뛰어난 렌즈예요. 먼 곳을 볼 때는 얇아지고 가까운 곳을 볼 때는 두꺼워지면서, 눈 뒤쪽에 있는 망막에 또렷한 상(이미지)이 맺히게 해요.

3. 망막 필름
망막에 맺힌 상의 크기는 고작 몇 밀리미터에 불과해요. 하지만 뇌는 이것을 아주 크고 생생하게 받아들인답니다. 망막에는 '원뿔세포'와 '막대세포'라는 두 종류의 시각세포가 있어요.

4. 빛에 민감한 시각세포
원뿔세포는 약 800만 개가 있는데, 주로 강한 빛에 반응하고 색깔을 감지해요. 막대세포는 원뿔세포보다 수가 훨씬 많아요. 약 1억 2천만 개가 있고, 빛에 매우 민감해서 밝음과 어두움을 감지해요.

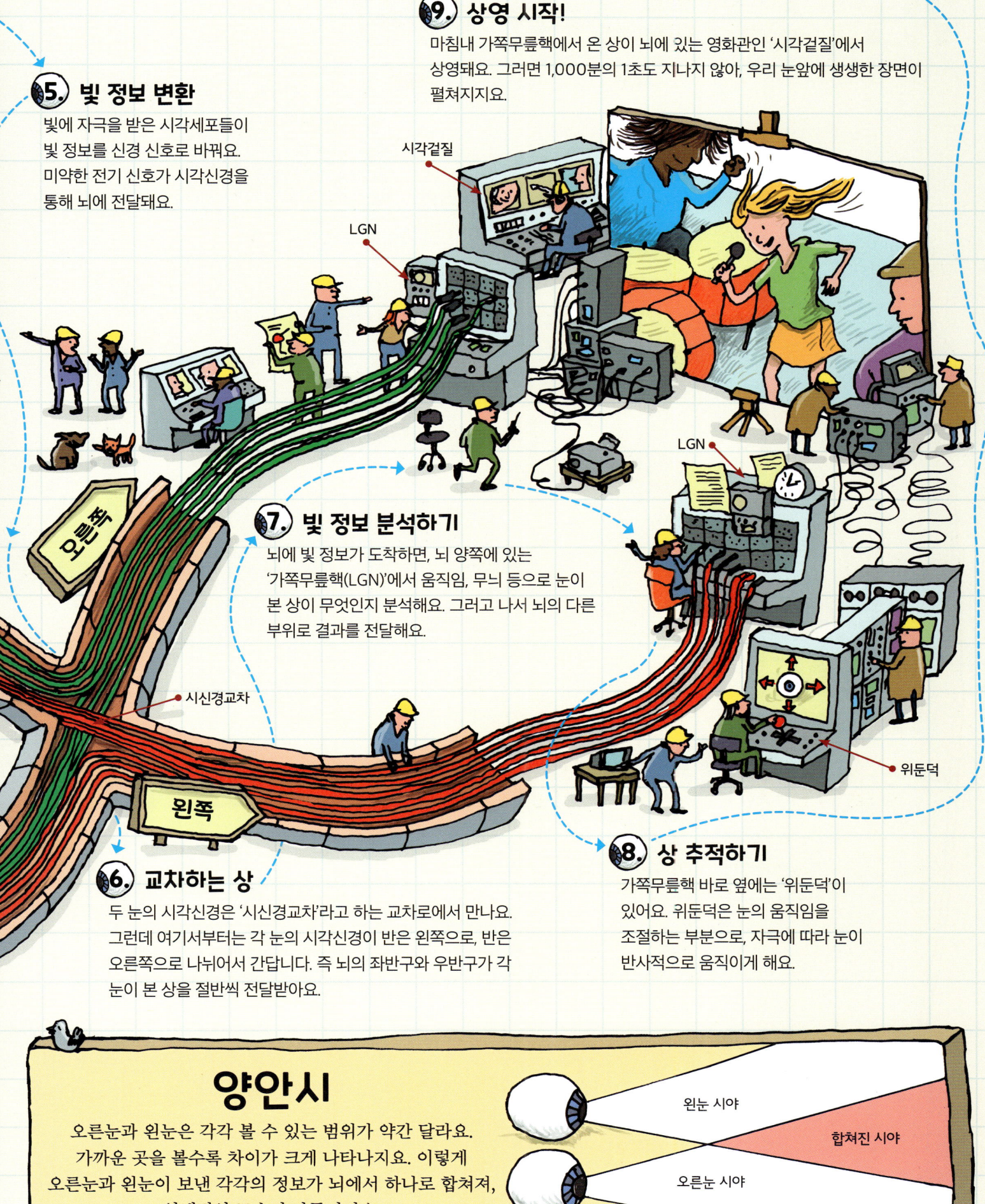

귀로 소리를 듣는 과정

기타 줄을 튕기면, 줄이 위아래로 움직이면서 바르르 떨려요. 이렇게 물체가 떨리는 현상을 '진동'이라고 하는데, 이 진동이 공기를 타고 우리 귓속으로 들어와 '소리'로 들리게 되지요. 즉, 소리는 물체가 진동할 때 생긴다는 얘기예요. 눈에 보이지 않는 진동까지 감지하도록 설계된 환상적인 귀 안으로 들어가 봐요!

귀지는 귓속의 분비물 등이 엉켜서 만들어진 때예요. 매일 생겨나, 앞서 생긴 것을 조금씩 밀어낸답니다. 그래서 우리가 모르는 사이, 귀 밖으로 작은 덩어리나 부스러기가 떨어져 나와요.

진동을 키우는 '가운데귀'

귀에는 귀지를 만드는 2,000개의 분비샘이 있어요.

1. 소리 모으기
우리가 '귀'라고 부르는 부분은 사실 소리가 들어가는 입구일 뿐이에요. 과학자들은 이 부분을 '귓바퀴'라고 불러요. 귓바퀴는 귀의 바깥 부분으로, 공기 중의 진동을 모아서 귀 안쪽으로 이어진 '바깥귀길'로 들여보내요.

2. 때려라! 울려라!
진동은 귀 안쪽으로 이동하다가 '고막'에 가로막혀요. 고막은 북에 씌운 가죽처럼 얇고 팽팽한 막이에요. 그래서 귓속으로 들어온 진동이 고막에 부딪히면, 고막이 바르르 떨리면서 고막 안쪽에 진동을 전달해요.

3. 3개의 작은 뼈
그런데 이 진동은 깊은 귓속까지 닿기에는 너무나 미약해요. 그래서 가운데귀에 있는 3개의 작은 뼈가 진동을 크게 증폭시켜요. 이 뼈들은 왼쪽부터 망치뼈, 모루뼈, 등자뼈라고 부르고, 셋을 묶어서 '귓속뼈'라고 해요.

소리를 모으는 '바깥귀'

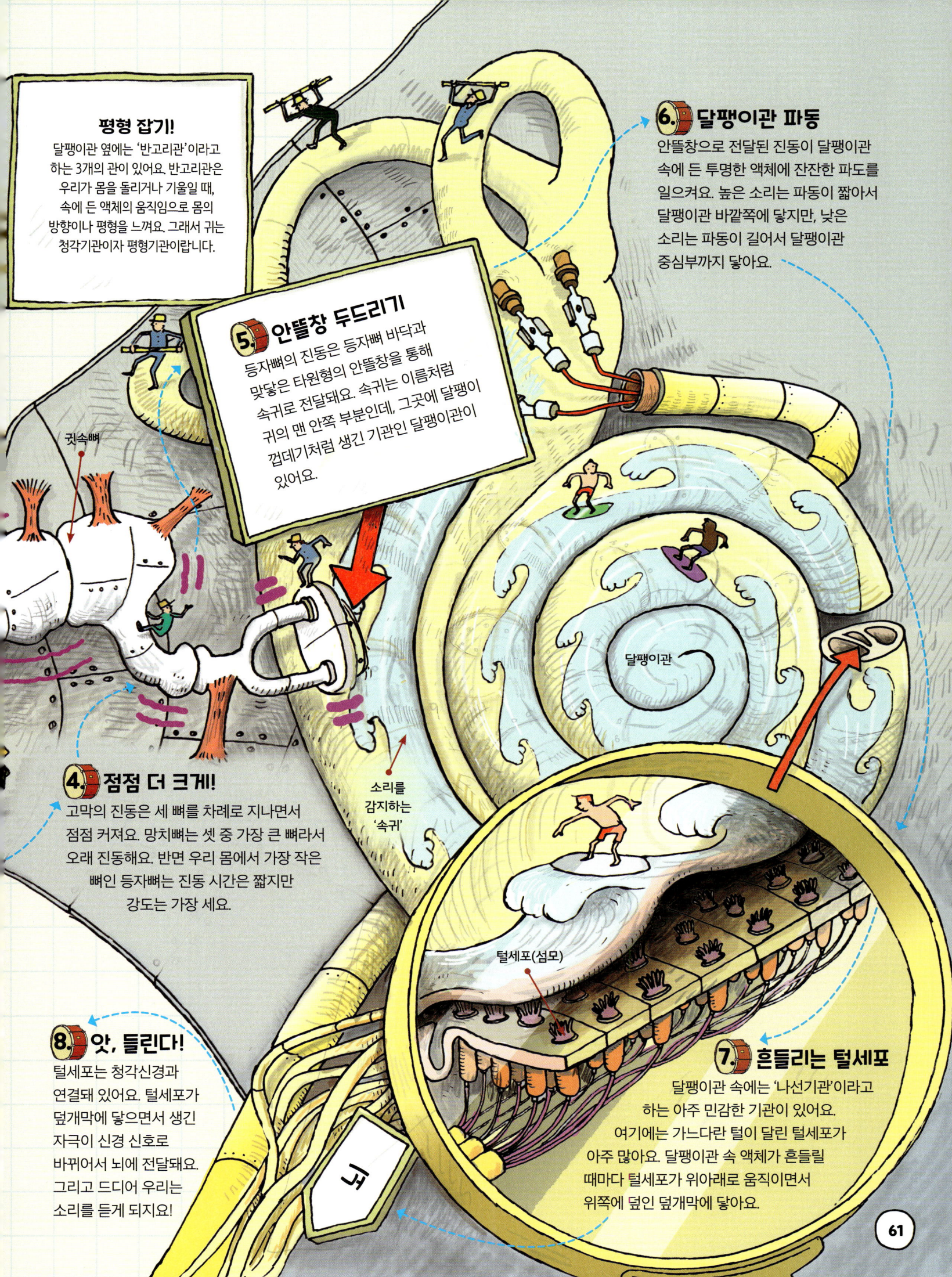

냄새를 맡고 맛을 느끼는 과정

코는 매우 뛰어난 화학물질 탐지기예요. 공기 중에 떠 있는 수십억 개의 입자에서 3,000종 이상의 화학물질을 식별할 수 있답니다. 그것도 고작 몇 개의 입자만으로 어떤 화학물질인지 알아낼 수 있지요! 혀도 마찬가지예요. 우리는 코와 혀 덕분에 음식의 다양한 맛을 느낄 수 있어요.

1. 킁킁!
냄새를 맡는 후각세포는 코 윗부분에 있는 '후각상피'에 모여 있어요. 공기 중에 떠다니는 냄새 분자가 콧속으로 들어와, 후각세포 끝에 달린 가느다란 털(섬모)을 자극해요. 그러면 후각세포에 있는 '후각수용체'가 냄새분자를 감지해요.

2. 저건 내 냄새야!
후각수용체는 350종 정도가 있는데, 각자 감지하는 냄새 분자가 달라요. 그래서 어떤 냄새 분자가 들어오면, 해당하는 몇 종류만 반응하고 나머지는 반응하지 않아요.

3. 냄새 정보 발송!
후각세포는 후각상피를 덮은 얇은 뼈에 난 구멍을 통해 후각신경과 연결돼 있어요. 후각세포는 감지한 냄새 정보를 후각신경들이 집합하는 '후각망울'로 보내요.

냄새
사물을 이루는 화학물질이 공기 중에 아주 작은 입자 상태로 뿜어져 나와요. 이 입자가 우리 코로 들어와 후각수용체를 자극하고 이 자극이 뇌로 전달되면, 우리가 '냄새'로 인식하게 되는 거예요.

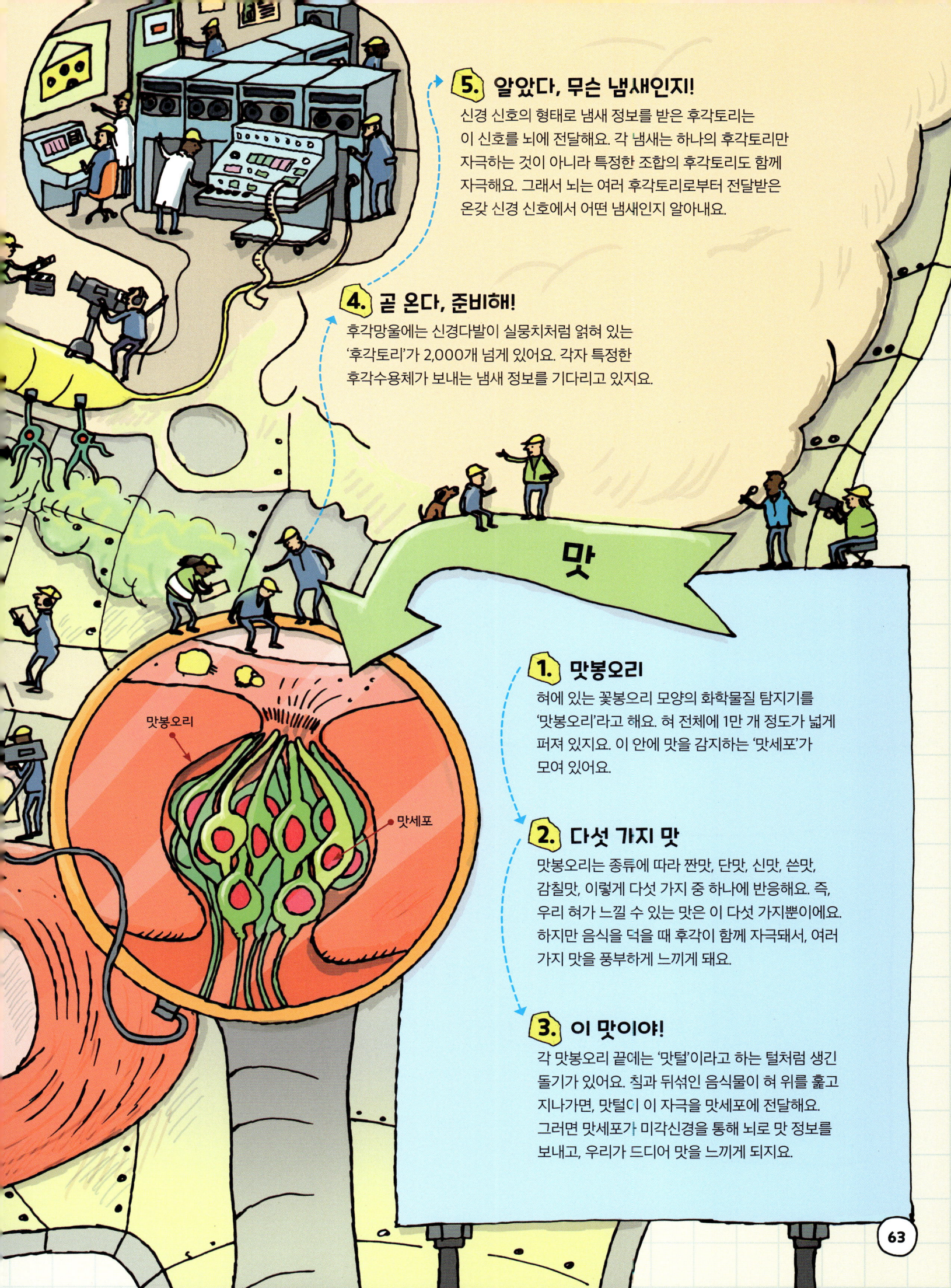

5. 알았다, 무슨 냄새인지!
신경 신호의 형태로 냄새 정보를 받은 후각토리는 이 신호를 뇌에 전달해요. 각 냄새는 하나의 후각토리만 자극하는 것이 아니라 특정한 조합의 후각토리도 함께 자극해요. 그래서 뇌는 여러 후각토리로부터 전달받은 온갖 신경 신호에서 어떤 냄새인지 알아내요.

4. 곧 온다, 준비해!
후각망울에는 신경다발이 실뭉치처럼 얽혀 있는 '후각토리'가 2,000개 넘게 있어요. 각자 특정한 후각수용체가 보내는 냄새 정보를 기다리고 있지요.

맛

1. 맛봉오리
혀에 있는 꽃봉오리 모양의 화학물질 탐지기를 '맛봉오리'라고 해요. 혀 전체에 1만 개 정도가 넓게 퍼져 있지요. 이 안에 맛을 감지하는 '맛세포'가 모여 있어요.

2. 다섯 가지 맛
맛봉오리는 종류에 따라 짠맛, 단맛, 신맛, 쓴맛, 감칠맛, 이렇게 다섯 가지 중 하나에 반응해요. 즉, 우리 혀가 느낄 수 있는 맛은 이 다섯 가지뿐이에요. 하지만 음식을 먹을 때 후각이 함께 자극돼서, 여러 가지 맛을 풍부하게 느끼게 돼요.

3. 이 맛이야!
각 맛봉오리 끝에는 '맛털'이라고 하는 털처럼 생긴 돌기가 있어요. 침과 뒤섞인 음식물이 혀 위를 훑고 지나가면, 맛털이 이 자극을 맛세포에 전달해요. 그러면 맛세포가 미각신경을 통해 뇌로 맛 정보를 보내고, 우리가 드디어 맛을 느끼게 되지요.

생각하고 판단하는 뇌

우리 뇌는 아주 경이로운 컴퓨터예요. 뇌는 천억 개가 넘는 뉴런으로 이루어져 있고, 각각의 뉴런은 다른 뉴런들과 무수히 연결돼요. 그래서 뉴런 하나가 망가져도 수조 개의 다른 경로로 신경 신호를 보낼 수 있답니다. 이러한 뉴런의 복잡한 결합 덕분에, 우리는 생각하고 상상하는 등의 고차원적인 활동을 할 수 있어요.

좌반구(바깥쪽)

감각겉질
피부에서 느끼는 통증, 열, 촉감 등을 감지하는 곳

브로카영역
말하기를 조절하는 곳

청각겉질
소리를 이해하는 곳

이마엽
무엇을 할지, 어디로 움직일지 결정하는 곳

관자엽
상상, 영리함, 감정, 언어 등을 담당하는 곳

• 뇌를 이루는 것
우리 뇌는 85%의 수분과 상당한 지방으로 이루어져 있어요. 그런데 사실 진짜 중요한 것은 뇌 속에 빽빽하게 든 뉴런이에요. 우리가 하는 모든 생각은 뉴런이 이루는 복잡하고 놀라운 네트워크를 통해 전기적인 신호로 이동해요.

생각이 일어나는 곳
대뇌 맨 바깥에는 잔뜩 주름진 '대뇌겉질'이 있어요. 우리가 일부러 하는 '의식적인' 사고가 일어나는 곳이지요. 반대로 우리가 거의 알지 못하는 사이에 진행되는 생각들은 뇌의 깊숙한 곳에서 일어나요!

우반구(안쪽)

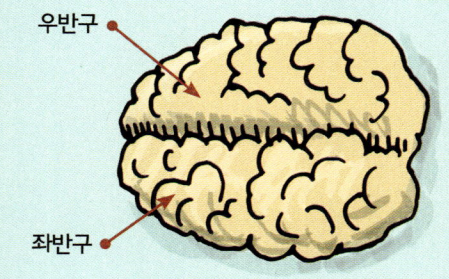

두 개의 반구
우리 뇌에서 가장 큰 부분인 '대뇌'는 좌반구와 우반구로 나뉘어요. 어떤 사람들은 좌반구는 논리적인 것을 담당하고, 우반구는 감정적인 것을 담당한다고 말해요.

우반구
좌반구

• 생각을 만드는 신경 회로
'생각'은 뇌 속을 번개처럼 오가는 신경 신호예요. 그리고 우리가 무엇을 어떻게 생각을 하느냐는 신경 신호가 어떤 신경 회로를 이용하느냐에 달려 있답니다. 신경 회로는 많이 사용할수록 강력하게 결합하고 속도도 빨라져요. 반대로 사용하지 않는 신경 회로는 퇴화하는 경향이 있어요.

냄새 센터
냄새를 분석하고 이해하는 곳

편도체
감정을 조절하고 결정을 내리게 돕는 곳

뇌하수체
다양한 호르몬을 분비하는 곳

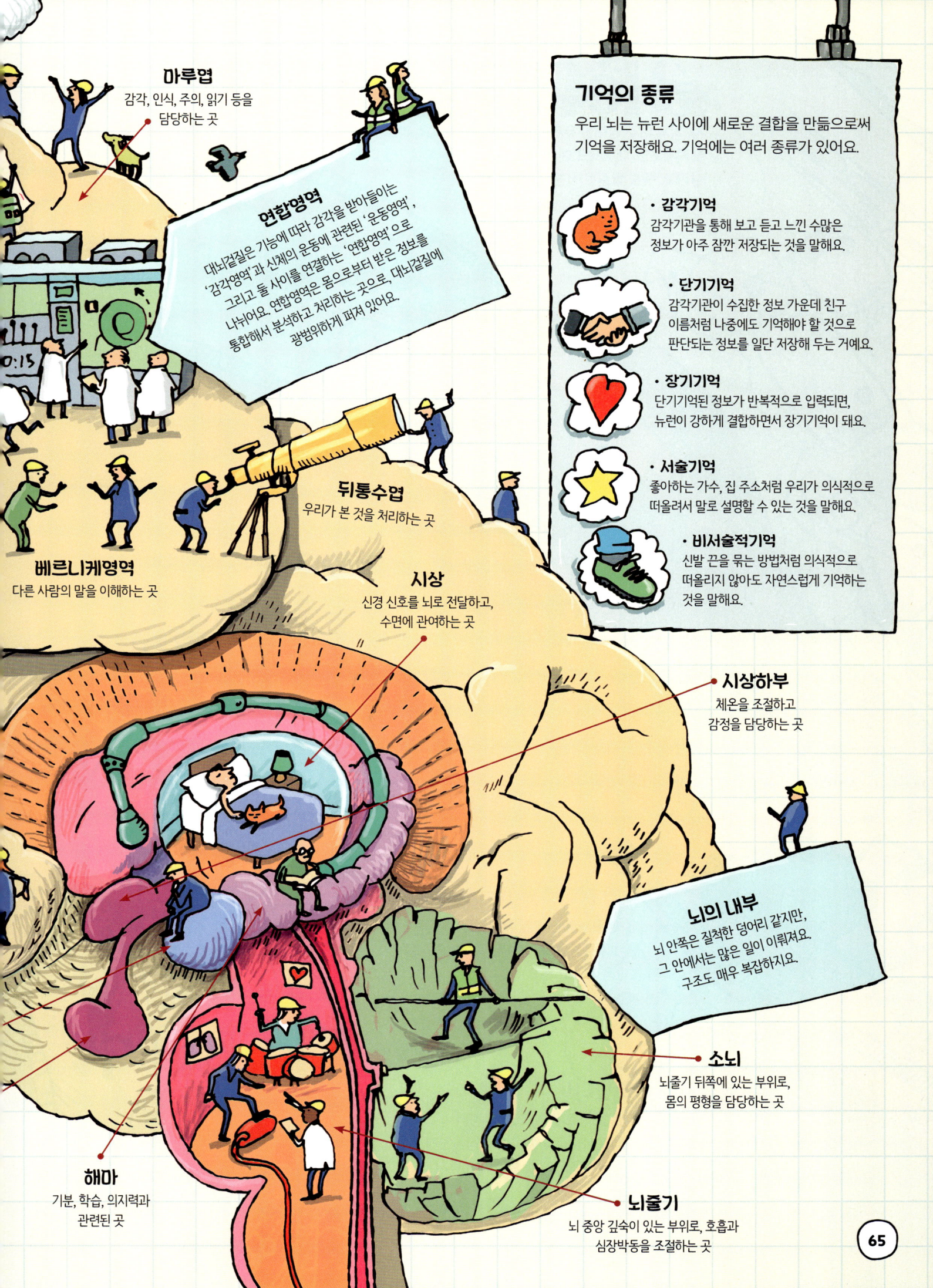

우리를 괴롭히는 침입자의 정체

몸이 아픈 건 절대 좋은 일이 아니에요. 몸에 무언가 문제가 생겼다는 뜻이니까요! 몸이 아픈 이유는 암처럼 몸속에서 생긴 문제일 수도 있지만, 대부분은 몸 밖에서 나쁜 무언가가 침입했기 때문이에요. 우리 몸은 수시로 각종 병원 미생물, 즉 '병원체'의 공격을 받는데, 대부분은 싸워서 이기지만 가끔 질 때도 있어요.

세균(박테리아)

세균은 단연코 가장 흔한 병원체예요. 종류가 수천 가지나 되지요. 세균은 단 하나의 세포로 이루어진 생명체로, 스스로 분열하면서 엄청난 속도로 증식해요.

대부분의 병원체는 재채기나 기침, 숨 쉴 때 날아 흩어지는 침방울을 통해 공기 중으로 전파돼요.

나선균

구불구불한 라면 가닥처럼 생긴 세균이에요. 덜 익은 조개류, 오래된 식수 등에서 발견되고 설사나 복통을 일으켜요.

구균

구슬처럼 둥그렇게 생긴 세균이에요. 종종 콧속에서 발견되는데, 건강한 사람에게서는 아무런 증상을 일으키지 않아요. 하지만 면역력이 약한 어린이나 노인에게는 폐렴, 성홍열, 뇌수막염 같은 심각한 질병을 일으켜요.

세균은 음식을 통해 잘 퍼져요. 익히지 않은 음식에서는 더욱더!

간균

길고 얇은 막대 모양 세균으로 파상풍, 장티푸스, 결핵, 백일해, 디프테리아 등 끔찍한 질병을 일으켜요. 정말 반갑지 않은 존재이지요!

끔찍한 생물들
곰팡이와 원생동물도 우리를 아프게 해요.

유전자가 담긴 신비한 이중나선

우리는 신기하게도 엄마, 아빠를 조금씩 닮았어요. 그 이유는 우리가 엄마, 아빠의 '유전자'를 바탕으로 만들어졌기 때문이지요. 그런데 이 과정에서 유전자가 들어 있는 'DNA'가 복제되고 합성돼요. 그러면서 나만의 고유한 유전자도 만들어진답니다. 그래서 우리는 엄마, 아빠와 닮기는 했지만 똑같지는 않아요.

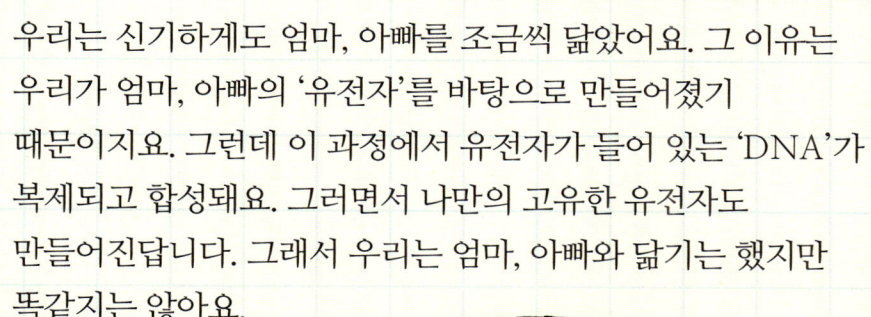

1. 놀라운 이중나선
DNA는 2개의 기다란 가닥이 꽈배기처럼 꼬여 있는 구조예요. 두 가닥 사이가 '염기'라고 하는 화학물질로 이어져 있어서, 마치 뒤틀린 줄사다리처럼 보이지요.

2. 네 종류의 염기
DNA를 구성하는 염기는 아데닌, 구아닌, 사이토신, 타이민, 이렇게 네 종류예요. 이 염기들은 DNA 가닥을 따라 주르륵 배열되는데, 각 구간에 서로 다른 유전 정보가 저장돼 있어요. 바로 다양한 단백질을 만들 수 있는 설계도이지요!

3. 짝꿍 염기들
그런데 각 염기는 정해진 짝이 있어서 아데닌은 타이민과, 구아닌은 사이토신과만 결합해요. 그래서 DNA는 한쪽 가닥만 있으면 상대 가닥을 만들 수 있답니다.

4. 복제되는 유전 정보
DNA 속 유전 정보는 복제돼서 전달돼요. DNA의 이중나선 중 일부가 풀리면서, 갈라진 가닥 하나에 DNA 염기와 짝을 이루는 RNA 염기가 줄줄이 결합해요. RNA 염기도 네 종류로, 타이민 대신 유라실이 있다는 점만 달라요.

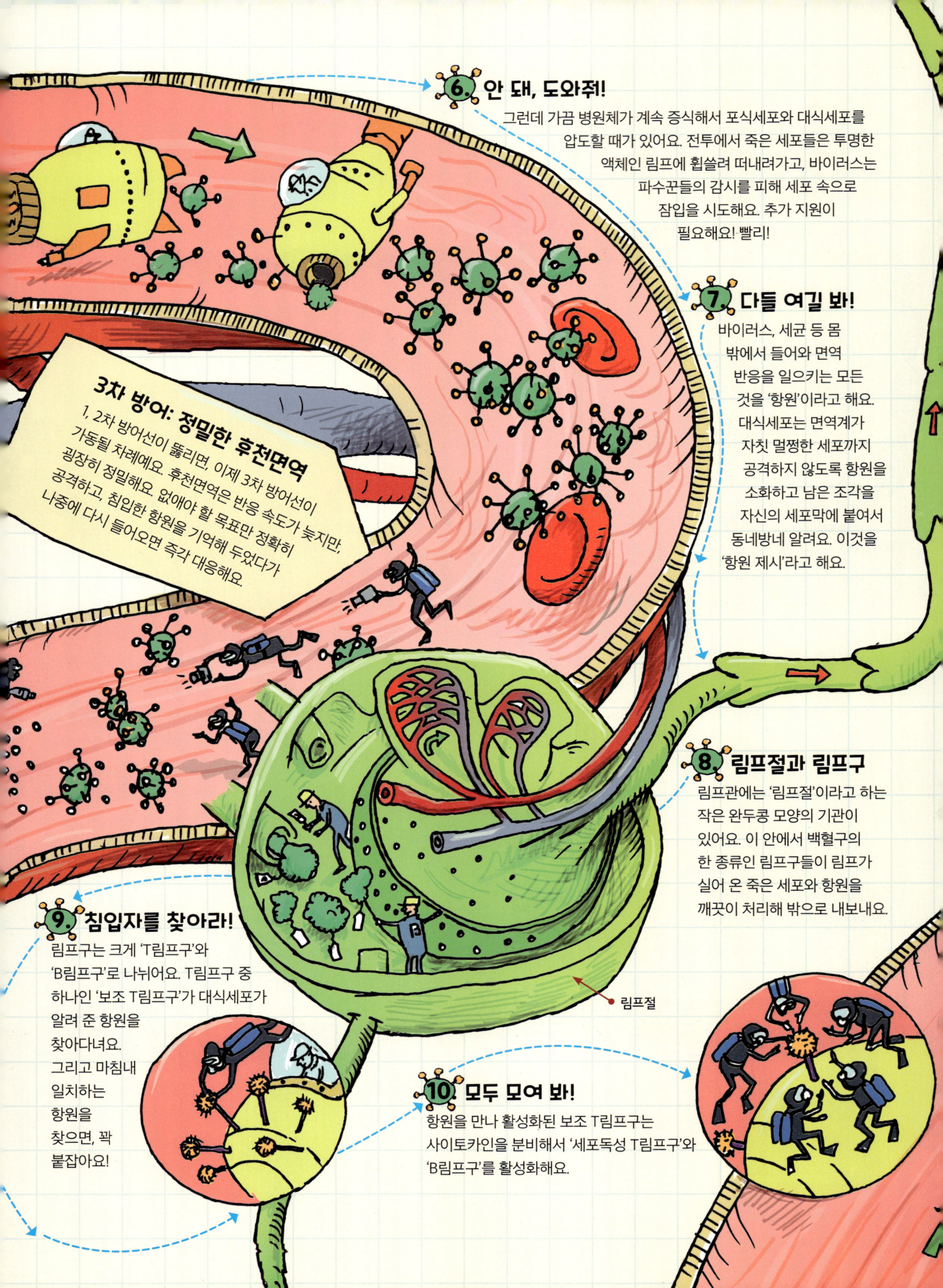

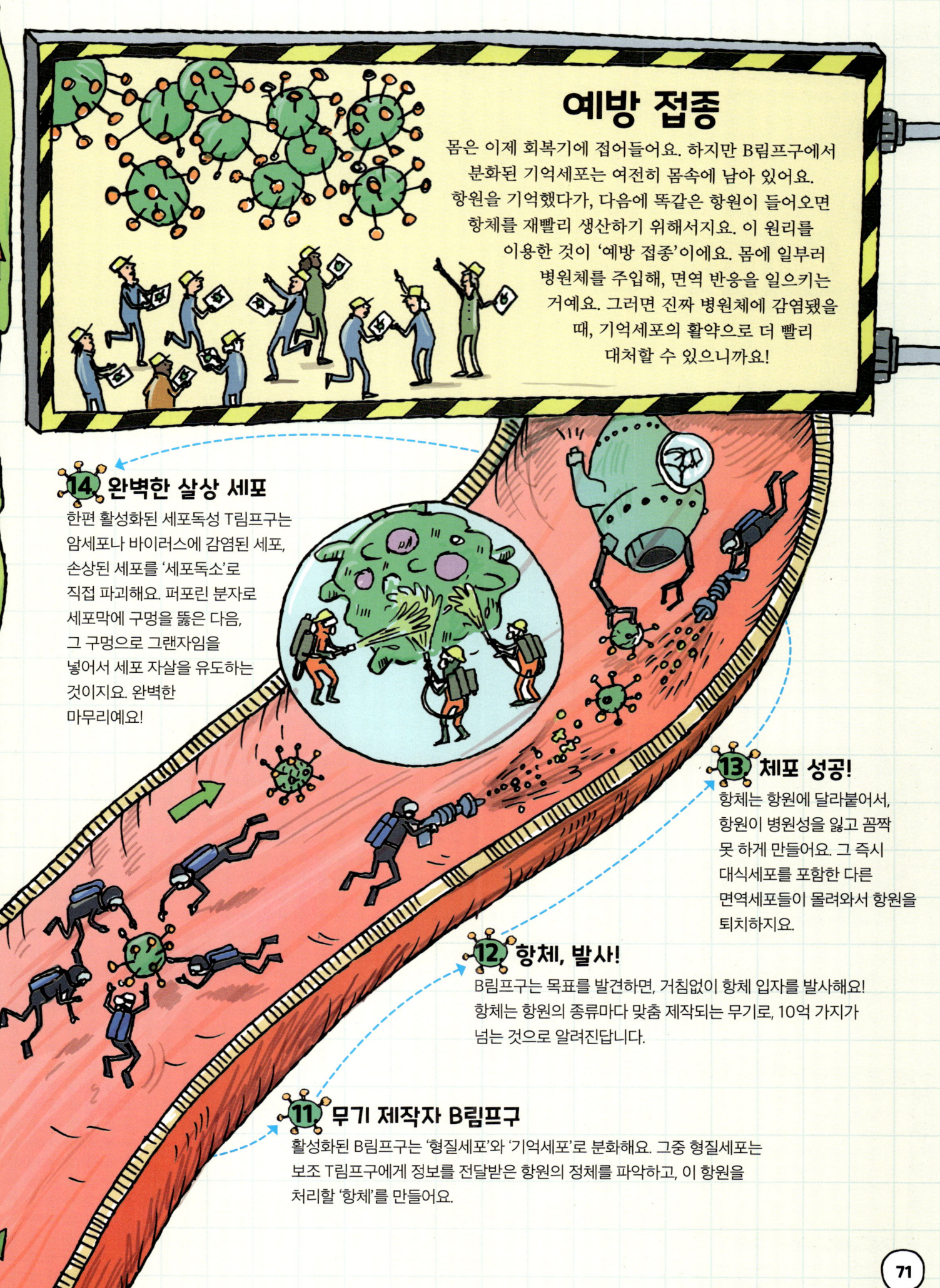

바이러스

세균은 매우 작아요. 그런데 바이러스는 광학현미경으로도 관찰할 수 없을 만큼 더 작답니다. 바이러스는 세균과 다르게 스스로 살아갈 수 없어요. 다른 세포 속에서만 생존할 수 있지요.

풍진바이러스

이름 그대로 풍진을 일으키는 바이러스예요. 전염력이 높아서, 감기처럼 풍진에 걸린 사람이 기침하거나 말할 때 튀어나오는 작은 침방울로도 쉽게 감염돼요.

인플루엔자바이러스

인플루엔자바이러스는 독감과 감기를 일으켜요. 돌연변이가 일어나 다양한 종류로 진화하기 때문에, 추적하고 잡아내기가 힘들지요. 이미 500종이 넘고, 자꾸 새로운 것이 나타나요.

병원체는 땀과 혈액을 통해서도 퍼질 수 있어요.

아데노바이러스

아데노바이러스는 폐를 감염시켜서 호흡기 질환을 일으켜요. 또 눈에 들어와 결막염을 일으키고, 장에 들어가서 설사를 유발하기도 하지요.

사람면역결핍바이러스(HIV)

사람의 몸속에 들어와, 면역계의 기능을 망가트리는 끔찍한 바이러스예요. 흔히 에이즈(AIDS)라고 부르는 후천면역결핍증과 다양한 감염병을 일으켜요.

어떤 병원체는 피부 접촉을 통해서 퍼지기도 해요. 즉, 감염된 사람이 쓴 물건을 만지는 것만으로도 전염될 수 있다는 얘기예요!

기생충

촌충처럼 우리 몸속에 들어와서 기생하는 동물을 말해요.

아프면 왜 불쾌할까?

몸에 이상이 생기면, 열이 나거나 근육이 쑤시는 등 불쾌한 증상이 생기고 기분이 가라앉아요. 이건 병원체가 우리를 괴롭혀서라기보다 우리 몸이 몰래 침입한 병원체를 없애기 위해 치열한 전투를 벌이면서 생기는 증상이에요. 말하자면 약간의 부작용인 것이지요.

67

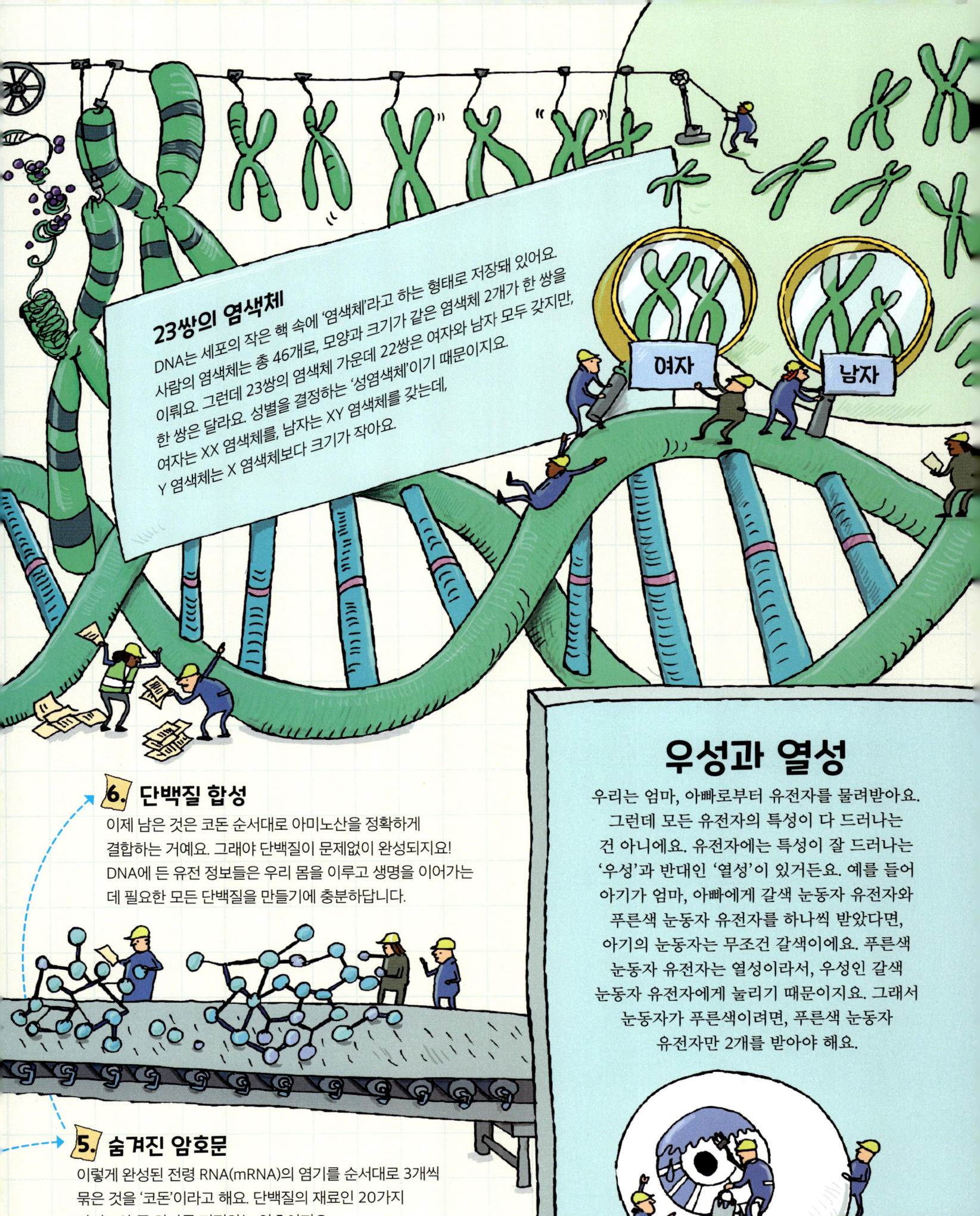

23쌍의 염색체

DNA는 세포의 작은 핵 속에 '염색체'라고 하는 형태로 저장돼 있어요. 사람의 염색체는 총 46개로, 모양과 크기가 같은 염색체 2개가 한 쌍을 이뤄요. 그런데 23쌍의 염색체 가운데 22쌍은 여자와 남자 모두 갖지만, 한 쌍은 달라요. 성별을 결정하는 '성염색체'이기 때문이지요. 여자는 XX 염색체를, 남자는 XY 염색체를 갖는데, Y 염색체는 X 염색체보다 크기가 작아요.

6. 단백질 합성

이제 남은 것은 코돈 순서대로 아미노산을 정확하게 결합하는 거예요. 그래야 단백질이 문제없이 완성되지요! DNA에 든 유전 정보들은 우리 몸을 이루고 생명을 이어가는 데 필요한 모든 단백질을 만들기에 충분하답니다.

5. 숨겨진 암호문

이렇게 완성된 전령 RNA(mRNA)의 염기를 순서대로 3개씩 묶은 것을 '코돈'이라고 해요. 단백질의 재료인 20가지 아미노산 중 하나를 지정하는 암호이지요.

우성과 열성

우리는 엄마, 아빠로부터 유전자를 물려받아요. 그런데 모든 유전자의 특성이 다 드러나는 건 아니에요. 유전자에는 특성이 잘 드러나는 '우성'과 반대인 '열성'이 있거든요. 예를 들어 아기가 엄마, 아빠에게 갈색 눈동자 유전자와 푸른색 눈동자 유전자를 하나씩 받았다면, 아기의 눈동자는 무조건 갈색이에요. 푸른색 눈동자 유전자는 열성이라서, 우성인 갈색 눈동자 유전자에게 눌리기 때문이지요. 그래서 눈동자가 푸른색이려면, 푸른색 눈동자 유전자만 2개를 받아야 해요.

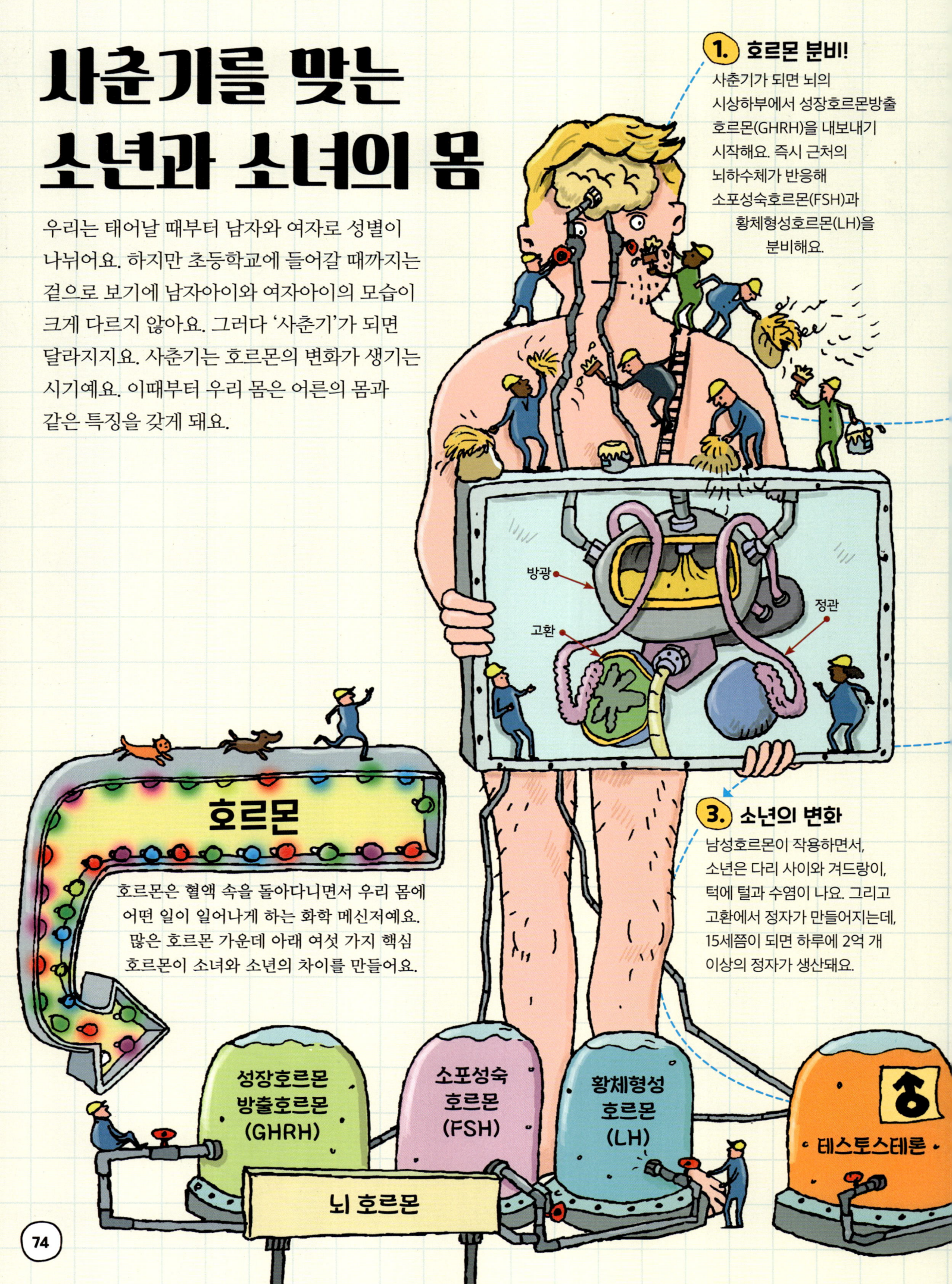

사춘기를 맞는 소년과 소녀의 몸

우리는 태어날 때부터 남자와 여자로 성별이 나뉘어요. 하지만 초등학교에 들어갈 때까지는 겉으로 보기에 남자아이와 여자아이의 모습이 크게 다르지 않아요. 그러다 '사춘기'가 되면 달라지지요. 사춘기는 호르몬의 변화가 생기는 시기예요. 이때부터 우리 몸은 어른의 몸과 같은 특징을 갖게 돼요.

1. 호르몬 분비!
사춘기가 되면 뇌의 시상하부에서 성장호르몬방출호르몬(GHRH)을 내보내기 시작해요. 즉시 근처의 뇌하수체가 반응해 소포성숙호르몬(FSH)과 황체형성호르몬(LH)을 분비해요.

3. 소년의 변화
남성호르몬이 작용하면서, 소년은 다리 사이와 겨드랑이, 턱에 털과 수염이 나요. 그리고 고환에서 정자가 만들어지는데, 15세쯤이 되면 하루에 2억 개 이상의 정자가 생산돼요.

호르몬

호르몬은 혈액 속을 돌아다니면서 우리 몸에 어떤 일이 일어나게 하는 화학 메신저예요. 많은 호르몬 가운데 아래 여섯 가지 핵심 호르몬이 소녀와 소년의 차이를 만들어요.

뇌 호르몬
- 성장호르몬방출호르몬 (GHRH)
- 소포성숙호르몬 (FSH)
- 황체형성호르몬 (LH)

테스토스테론

2. 성호르몬

곧 소년의 고환(정소)과 소녀의 난소가 발달하기 시작하고, 성호르몬이 분비돼요. 여성호르몬은 에스트로젠과 프로게스테론, 남성호르몬은 테스토스테론이 있어요.

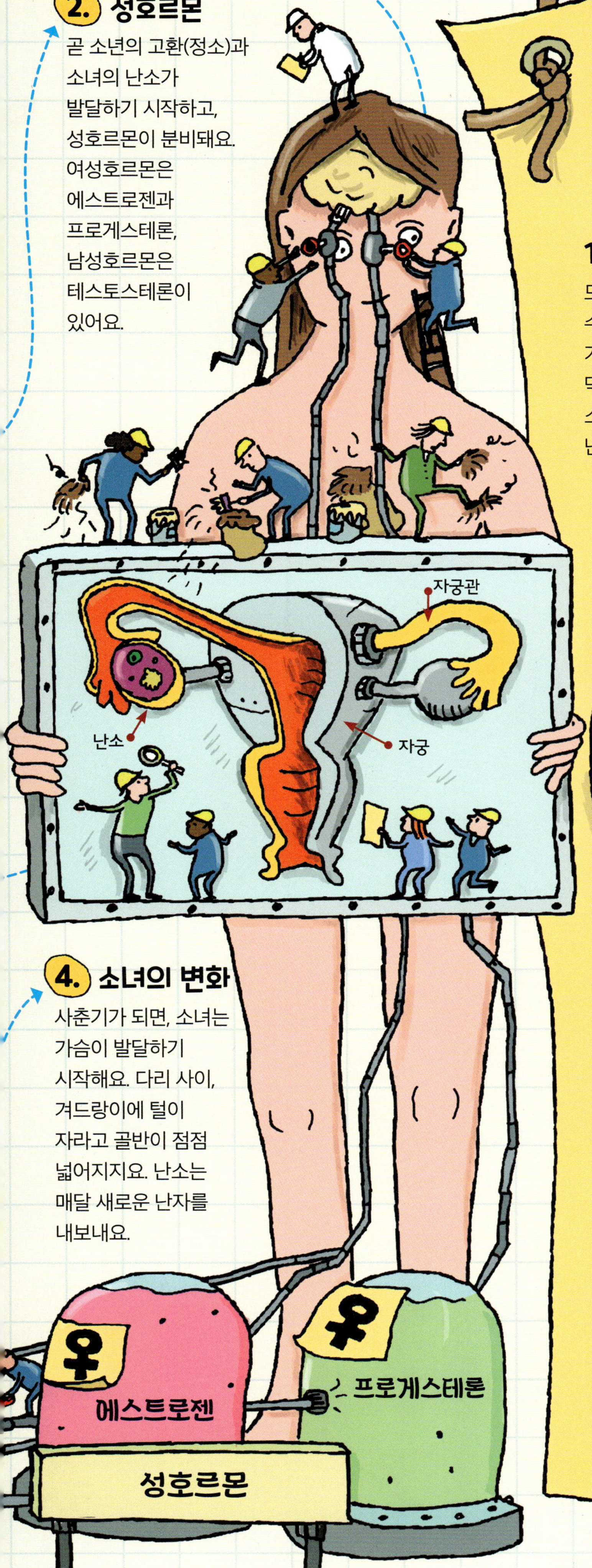

4. 소녀의 변화

사춘기가 되면, 소녀는 가슴이 발달하기 시작해요. 다리 사이, 겨드랑이에 털이 자라고 골반이 점점 넓어지지요. 난소는 매달 새로운 난자를 내보내요.

생리 주기

사춘기가 되면, 소녀의 몸에서는 약 28일 주기로 변화가 일어나요. 아기를 낳으려면 필요한 '난자'를 준비하는 과정이지요. 이것을 '생리주기'라고 해요.

1. 난포 발달

모든 소녀는 처음부터 난소 속에 수십만 개의 미성숙한 난자를 가지고 태어나요. 난자는 '난포'라는 막으로 싸여 있는데, 사춘기가 되어 소포성숙호르몬(FSH)이 분비되면 난포가 차례로 성숙하기 시작해요.

2. 자궁속막의 변화

난포가 발달하면서 에스트로젠을 분비해요. 에스트로젠은 자궁속막이 폭신한 침대처럼 부풀어 오르게 하고, 뇌하수체에서 '배란'을 촉진하는 황체형성호르몬(LH)이 나오게 해요.

3. 난자 배출

난자의 준비가 끝나면, LH는 난자가 난포에서 터져 나와서 자궁관을 따라 이동하도록 유도해요. 이것이 배란이에요.

4. 황체 형성

난자가 떠난 난포는 노랗게 변해요. 그래서 '황체'라고 불리지요. 황체는 프로게스테론을 분비해, 자궁속막을 더 두툼하게 만들어요.

5. 처음으로 리셋!

난자가 정자를 만나서 수정하면, 76쪽에서 소개할 다음 과정이 진행돼요. 하지만 수정이 이뤄지지 않으면, 난자는 두꺼워진 자궁속막과 함께 몸 밖으로 배출된답니다. 이것이 '생리'이지요. 생리가 끝나면, 다시 새로운 주기가 시작돼요.

아기가 세상에 나오는 과정

우리는 원래 크기와 무게를 측정하기도 어려울 만큼 아주 작은 세포였어요. 엄마의 난자 하나와 아빠의 정자 하나가 만나서 합쳐진 세포가 바로 지금 이 책을 읽는 우리인 것이지요! 이렇게 생겨난 우리는 엄마 자궁에서 아홉 달 동안 무럭무럭 자란 뒤 세상에 태어났어요!

정자와 난자
정자와 난자를 '생식세포'라고 해요. 다른 세포는 염색체가 46개이지만, 생식세포는 염색체가 23개뿐이에요.

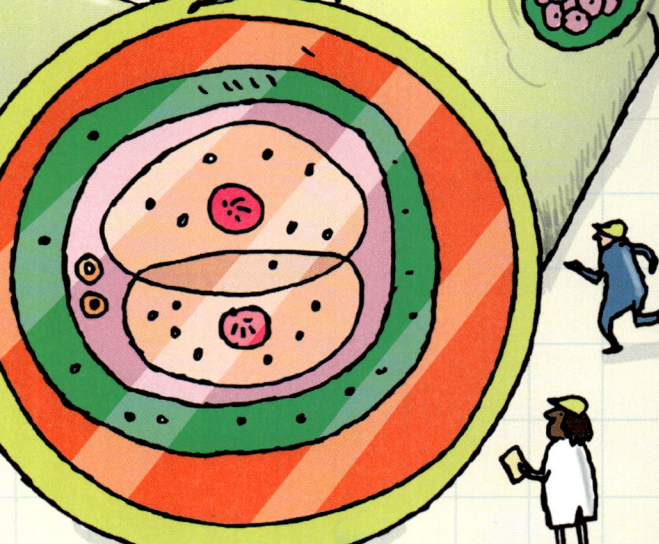

난자에 들어가려는 정자

1. 치열한 레이스
엄마 몸속에 2~3억 개의 정자가 한꺼번에 쏟아져 들어와요. 정자 무리는 자궁관을 향해 있는 힘껏 헤엄쳐 가요. 그리고 마침내 난자와 마주치면, 누가 먼저랄 것 없이 난자에게 달려들어요!

2. 단 하나의 승리자
계속된 도전 끝에 정자 하나가 난자 안으로 들어가는 데 성공했어요! 이것이 '수정'이랍니다. 서서히 정자와 난자의 핵이 하나로 합쳐지고, 드디어 46개의 염색체를 모두 가진 '수정란'이 돼요. 이제 새로운 생명의 역사가 시작되지요!

3. 착상하기
수정란은 자궁을 향해 이동하면서, 빠르게 분열해요. 그리고 무사히 자궁에 도착하면, 자궁속막에 착 달라붙어요. 이러한 '착상'이 완전히 이루어졌을 때, '임신'했다고 말하지요.

체외수정
정자와 난자는 '체외수정'이라는 인공적인 방법으로 하나가 될 수도 있어요. 의사가 아빠의 몸에서 정자를, 엄마의 몸에서 난자를 채취해, 실험실에서 수정을 시키는 방법이에요.

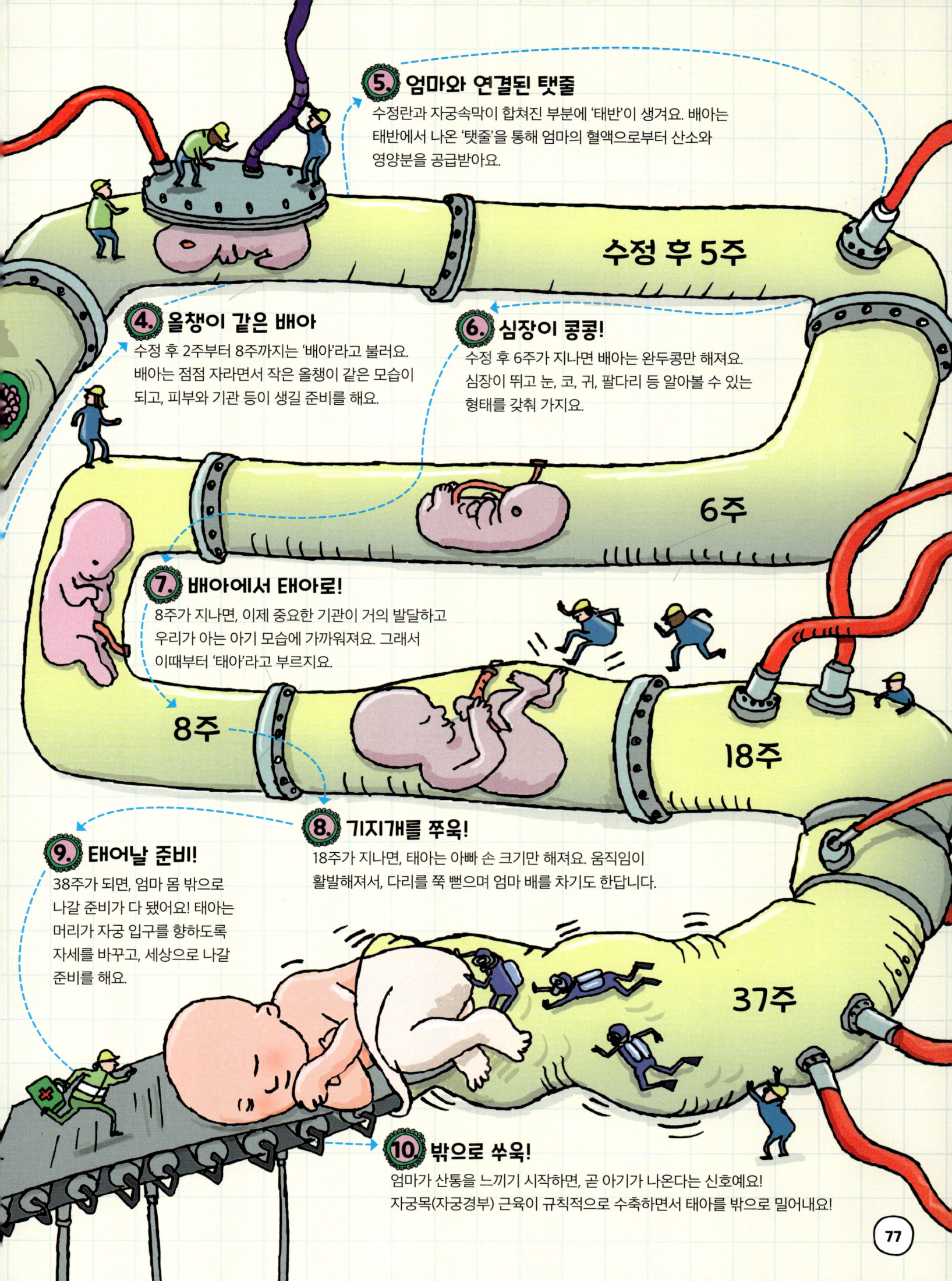

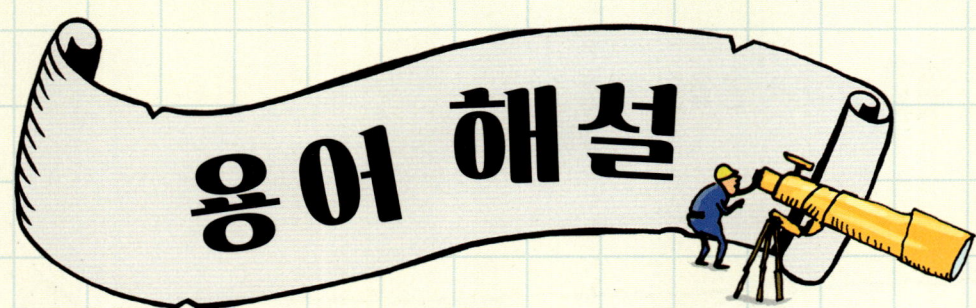

용어 해설

· 계통
함께 작용해서 공통의 임무를 완수하는 조직과 기관 집단.

· 기관
여러 개의 조직이 결합하여 이루어진 것. 뇌, 심장, 위, 간처럼 형태적으로 독립돼 있으며, 한 가지 이상의 정해진 임무를 수행한다. 여러 개의 기관이 모여서 소화계, 신경계 등의 '기관계'를 형성한다.

· 뉴런
신경계를 이루는 기본 단위가 되는 세포. 자극을 받아들이고 신경 신호를 전달할 수 있는 특수한 구조를 가진다. 수명이 길지만, 일부 뉴런은 한번 손상되면 회복되지 않는다. 기능에 따라 감각뉴런, 운동뉴런, 연합뉴런으로 나뉜다.

· 대식세포
백혈구의 한 종류로, 침입한 병원체나 손상된 세포를 잡아먹는 큰 포식세포다. 특히 병원체를 소화하고 남은 조각을 세포막에 붙여서 보조 T림프구에게 제시하는 중요한 임무를 맡는다.

· 동맥
심장에서 나가는 혈액이 지나가는 길. 혈압이 높아서 혈관벽이 두껍고 탄력성이 높다. 대동맥, 동맥, 세동맥으로 나뉘며, 몸속 깊숙한 곳에 있다.

· 모세혈관
동맥과 정맥을 연결하는 아주 가느다란 혈관으로, 온몸의 조직에 그물처럼 퍼져 있다. 혈액이 느리게 흐르며 조직세포와 산소, 영양소, 노폐물 등을 교환한다.

· 무산소 호흡
산소를 이용하지 않고 영양분을 분해해서 에너지를 얻는 과정. 산소 호흡보다 영양분이 불완전하게 분해돼서, 젖산 등이 쌓이고 발생하는 에너지양은 적다.

· 미즙
음식물 덩이가 위에서 잘게 으깨지고 분해돼, 걸쭉한 액체가 된 상태.

· 바이러스
병원체의 한 종류로, 다른 세포 속에 기생하며 증식하는 아주 작은 생명체. 돌연변이가 일어나 다양한 종류로 진화하며, 그중 상당수가 인체에 질병을 일으킨다.

· 발음기관
말소리를 내는 데 쓰이는 인체의 부분.

· 배아
자궁 속에서 발달 중인 개체의 초기 단계로, 정자와 난자가 만나 수정한 시기부터 8주까지를 가리킨다.

· 병원체
동식물의 몸에 침입해 감염을 일으키는 각종 병원 미생물. 세균, 원생동물, 곰팡이, 바이러스 등이 있다.

· 뼈모세포
뼈를 만드는 세포. 풋뼈에 칼슘 등 무기질을 끼얹어서 뼈바탕질을 만든 다음, 스스로 그 속에 들어가서 뼈를 이루는 기본 세포인 '뼈세포'가 된다.

· 뼈파괴세포
뼈모세포와 반대로 뼈를 이루는 성분을 흡수, 파괴하는 세포. 효소와 산으로 뼈바탕질을 분해해, 뼈 표면에 구덩이를 만든다.

· 산소 호흡
산소를 이용해서 영양분을 분해해 에너지를 얻는 과정. 무산소 호흡보다 에너지 효율이 좋아서, 쉴 때나 가벼운 운동을 할 때는 산소 호흡만으로 근육 수축에 필요한 에너지를 충분히 만들 수 있다.

· 세균
하나의 세포로 이루어진 단세포 원핵생물. 바이러스와 다르게 독립된 생물체로, 스스로 분열하며 빠르게 증식하는 것이 특징이다. 대부분은 인체에 해를 끼치지 않지만, 일부는 세포나 조직에 감염을 일으킨다.

· 세포
생물체를 이루는 기본 단위로, DNA가 든 핵과 그 주위를 둘러싼 세포질 및 소기관, 전체를 감싼 세포막으로 구성돼 있다. 안에서 세포호흡, DNA 복제, 단백질 합성 등 여러 가지 생명 활동이 일어난다.

· 세포 분화
세포가 분열하고 자라는 과정에서 구조나 기능이 특수하게 발달하는 현상. 한 세포가 서로 다른 특성의 세포로 분화해도 그 안에 든 유전정보는 전과 달라지지 않는다.

· 세포분열
하나의 세포가 둘로 나뉘어, 세포 수가 불어나는 현상. 분열하기 전 세포를 '모세포', 모세포가 분열해서 생긴 2개의 새 세포를 '딸세포'라고 한다.

· 세포소기관
세포 안에서 저마다 특정한 임무를 수행하는 작은 기관들. 세포핵, 미토콘드리아, 소포체, 리보솜, 골지체, 세포막 등이 있다.

· 세포호흡
세포가 영양분을 분해해서 생명 활동에 필요한 에너지를 얻는 과정. 산소를 이용하는 '산소 호흡'과 이용하지 않는 '무산소 호흡'으로 나뉘는데, 보통 산소 호흡을 가리킨다.

· **소화**
섭취한 음식물을 으깨고 분해해, 영양분을 흡수하기 쉬운 형태로 바꾸는 과정.

· **수혈**
출혈 등으로 혈액의 보충이 필요할 때, 건강한 사람의 혈액을 환자의 혈관에 주입하는 것. 같은 혈액형끼리 수혈하는 것이 원칙이지만, 혈액형에 따라 다른 혈액형 사이에서도 수혈할 수 있다.

· **신경전달물질**
시냅스를 통해 한 뉴런에서 다른 뉴런으로 신호를 전달할 때 분비하는 화학물질.

· **심장주기**
심장의 심방과 심실이 순서대로 수축하고 이완하면서 한 차례 박동하는 기간.

· **연골**
탄력이 있으면서 연한 조직으로, 온몸에 다양한 형태로 존재한다. 뼈마디 끝을 감싸 보호하기도 하고, 뼈와 뼈 사이를 연결하기도 하며, 코끝과 귓바퀴 등의 형태를 잡기도 한다.

· **유전자**
유전정보의 기본 단위. DNA를 이루는 기다란 가닥 중 일부분으로, 여기에 특정한 유전 형질을 발현시키는 단백질 합성에 필요한 설계도가 저장돼 있다.

· **정맥**
조직과 기관을 거쳐 심장으로 돌아가는 혈액이 흐르는 길. 혈압이 낮아서, 동맥보다 혈관벽이 얇고 탄력성이 낮으며 중간중간 판막이 있다. 대정맥, 정맥, 세정맥으로 나뉘며, 피부와 가까운 곳에 있다.

· **조직**
동일한 기능과 구조를 가진 세포의 집단. 세포가 모여 조직을, 조직이 모여 기관을 이룬다.

· **중추신경계**
뇌와 척수로 이루어진 신경계의 중추. 온몸에서 시작된 정보를 받아들이고 모든 조직과 기관에 지시를 내린다.

· **콜라겐**
결합조직을 이루는 질기고 탄력 있는 섬유 단백질. 온몸에 널리 분포하는데, 특히 뼈와 연골, 혈관벽, 피부에 많다.

· **태아**
엄마의 자궁 속에서 발달 중인 개체. 수정 후 8주까지는 '배아'라고 부르지만, 8주가 지나 우리가 아는 아기 모습을 갖춘 때부터는 '태아'라고 부른다.

· **판막**
심장이나 혈관 속에서 혈액이 거꾸로 흐르는 것을 막아 주는 것.

· **폐포**
세기관지 끝에 포도송이처럼 달린 수백만 개의 작은 공기 주머니. 폐 속으로 들어온 산소는 폐포에서 모세혈관으로 이동하고, 몸에서 만들어진 이산화탄소는 모세혈관에서 폐포로 이동해 몸 밖으로 나간다.

· **포도당**
세포가 주된 에너지원으로 이용하는 단당류.

· **항체**
B림프구가 몸속에 들어온 항원에 대항해 만들어 내는 물질. 바이러스나 세균의 표면에 달라붙거나 항원끼리 엉겨 붙게 해, 병원성을 잃게 만든다.

· **헤모글로빈**
적혈구에 있는 붉은 색소와 단백질의 화합물. 산소와 쉽게 결합하는 특성이 있어서, 폐에서 산소를 싣고 몸 곳곳으로 이동해 조직세포에 산소를 공급한다.

· **혈액세포**
액체인 혈장 속을 떠다니는 고체 성분의 세포로, 적혈구와 백혈구, 혈소판이 있다. '혈구'라고도 하며, 적색골수에서 매일 수십억 개가 넘게 생산된다.

· **호르몬**
내분비샘에서 생산, 분비되는 화학 신호 물질로, 혈액에 섞여 몸속을 순환하며 다른 기관이나 조직의 작용에 영향을 미친다.

· **DNA**
데옥시리보핵산(deoxyribonucleic acid)의 약어. 모든 생물의 세포 속에 있는 길고 복잡한 화학 분자로, 해당 생물의 유전정보가 담겨 있어 '유전자의 본체'라고 한다.

· **RNA**
리보핵산(ribonucliec acid)의 약어. DNA가 가진 유전정보를 복제해 단백질 합성에 작용한다. 전령 RNA(mRNA), 운반 RNA(tRNA) 등이 있다.

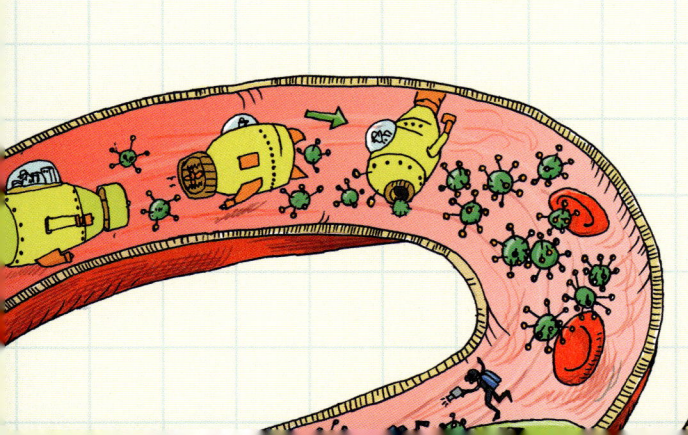

찾아보기

ㄱ
가로막 14~15, 24
가로무늬근 25
각막 58
간 44~45, 46
간세포 44~45, 46
간소엽 44~45
갑상샘 42, 47
거친면소포체(RER) 11
결합조직 9, 39
고막 60~61
고환(정소) 42, 74
골격계 12, 34~39
골수 34~35, 40
골절 35
관절 36~39
귀 60~61
귓속뼈 60~61
근육 7, 12, 24~29, 43, 47, 56~57
근육계 12, 24~29
근육섬유 24~25, 26, 29
근육원섬유 26
근육원섬유마디 7, 26~27
글리코젠 8, 44, 51
기관 14~15, 30
기도 30, 52
꿈틀운동 54

ㄴ
나선기관 61
난소 42, 75
난자 75, 76
난포 75
네프론 48
뇌 6, 12, 31, 42, 47, 56~59, 61, 62~65
뇌하수체 42, 49, 64, 75
눈 6, 58~59
뉴런(신경세포) 6, 56~57, 64~65

ㄷ
단백질 8, 10~11, 32~33, 50~51, 72~73
달팽이관 61
대뇌 31, 64
대뇌겉질 64~65
대변 49, 55
대식세포 69~71
대정맥 20~21
동공 58
동맥 19, 20~23
딸세포 40~41
땀 33, 47, 49

ㄹ
리보솜 11
리소좀 11
림프 13, 70
림프구 17, 70
림프절 70

ㅁ
막대세포 58
맘대로근 24, 25
맛봉오리 63
망막 58
맥박 19
멜라닌세포 32
면역계 7, 13, 66~71
모세포 40
모세혈관 21~23, 48
무기질 8, 34, 51
무산소 호흡 29
물(수분) 8, 48~49, 51, 55
미오신(굵은근육잔섬유) 26~27
미토콘드리아 11, 46
민무늬근 24

ㅂ
바이러스 13, 67, 68~71
반고리관 61
발음기관 30
방광 49
배란 75
배설계 13, 48~49
배아 77
백혈구 13, 17, 69, 70
병원체 7, 13, 17, 66~71
보먼주머니 48
보조 T림프구 70~71
보체계 69
부신 42~43
분비샘 33, 42
브로카영역 31, 64
비타민 45, 50~51

뼈 12, 26~27, 34~39, 41
뼈단위 35
뼈대 12, 36~39
뼈모세포 34~35
뼈세포 35
뼈파괴세포 35

ㅅ
사이막 18~19
사이토카인 41, 69~70
산소 8, 12~16, 18, 20, 22~23, 28~29
산소 호흡 28
생리 주기 42, 75
생식계 13, 74~77
생식세포 42, 76
선천면역 68
섬유관절 36, 38
섬유질 50
성대 30~31
성염색체 73
성장판(뼈끝판) 41
성장호르몬 42
성호르몬 42, 75
세균(박테리아) 17, 32, 45, 55, 66, 68, 70
세뇨관 48~49
세포 8~11, 23, 40~41, 45
세포 분화 9
세포 자살 71
세포독성 T림프구 70~71
세포막 11, 56~57
세포분열 40~41
세포소기관 10
세포자멸사 41
세포질 10~11, 17
세포호흡 46~47
소낭 11
소변 13, 45, 49
소화계 13, 44~47, 50~55
소화관 25
소화효소 52~54
솔방울샘 42
수정 75, 76
수정란 76~77
수정체 58
수혈 16
순환계 13, 16~23
시각겉질 59
시냅스 56
시상하부 47, 49, 65, 74
시신경교차 59
식도 25, 52, 55
신경계 7, 12, 56~57, 64~65
신경전달물질 56~57
심장 6, 13, 18~22, 24, 29

심장박동 19, 43
심장주기 18
쓸개즙 44~45

ㅇ
아드레날린 42~43
아미노산 10~11, 43, 49, 50, 73
액틴(가는근육잔섬유) 26~27
연골관절 36~38
연합영역 65
열성 73
염기 72~73
염색분체 40~41
염색체 40~41, 73, 76
염증 반응 69
요소 45, 49
우성 73
원뿔세포 58
위 52~53, 55
유전자 72~73
윤활관절 36, 38
융모 54
이산화탄소 8, 12, 15, 22~23
이자 42, 53
인대 36~39
인두 30
임신 76

ㅈ
자궁 75, 76~77
자연살해세포(NK세포) 17
작은창자 45, 53~55
적혈구 16
정관 74
정맥 20~23
정자 74~76
젖산 29
제대로근 24~25
조직 8~9
줄기세포 9, 40
중추신경계 57
지방 8, 45, 50~51
진피 33

ㅊ
착상 76
척수 12, 56~57
척주 37
척추사이원반 37
체온 46~47
체외수정 76
치밀뼈 35
침 52, 63

ㅋ
코 30~31, 62, 68
코돈 73
콜레스테롤 45
콩팥 45, 48~49
큰창자 7, 53~55

ㅌ
탄수화물 8, 44~45, 51
태아 77
털 33, 47

ㅍ
판막 6, 18~19, 21
폐 14~15, 16, 18~19, 20, 30
폐포 15
포도당 8, 11, 17, 23, 28~29, 43, 44, 46, 51
포식세포 69~70
표적세포 43
표피 32~33
풋뼈 34
피부 32~33, 47, 68
피지 33, 68

ㅎ
항원 70~71
항이뇨호르몬(ADH) 42, 49
항체 13, 17, 71
해면뼈 34~35
헤모글로빈 16, 46
혀 30~31, 52, 62~63
혈관 13, 20~23, 47
혈소판 17
혈압 21
혈액(피) 13, 16~23, 44~49
혈액세포(혈구) 13, 16~17, 34~35, 45
혈장 16, 45
호르몬 42~43, 74
호흡(숨) 12, 14~15, 24, 47, 49
호흡계 12, 14~15
홍채 58
후각망울 62~63
후두 15, 30~31
힘줄 27, 38

A - Z
B림프구 17, 70~71
DNA 8, 10, 40, 72~73
RNA 10~11, 72~73
T림프구 17, 70